Ute Christine Berger

Die Feste des Herzogs Carl Eugen von Württemberg

Ute Christine Berger

Die Feste des Herzogs Carl Eugen von Württemberg

Silberburg-Verlag

Gedruckt mit freundlicher Unterstützung von:
Stadt Ludwigsburg, Kulturamt
Württembergische Hypothekenbank,
Stiftung für Kunst und Wissenschaft
Landesgirokasse, Stiftung Kunst und Kultur
Heitmann-Stiftung Ludwigsburg

Abbildung auf dem Umschlag:
»Apotheose der Tänzer«,
Bühnenbild von Innocente Colomba, um 1763
Frontispiz:
Herzog Carl Eugen,
Porträt auf Ludwigsburger Porzellan, um 1760–64

1 2 3 4 5 01 00 99 98 97

Gestaltung: Finken & Bumiller, Stuttgart
Matthias Bumiller, Burkhard Finken
Druck: Freiburger Graphische Betriebe, Freiburg i.Br.
Printed in Germany

ISBN 3-87407-251-7

Inhaltsverzeichnis

Einleitung

In den sechziger Jahren des 18. Jahrhunderts zog das kleine Herzogtum Württemberg staunende Blicke aus ganz Europa auf sich: hier zelebrierte Herzog Carl Eugen (1728–1793) mit verschwenderischer Pracht sein fürstliches Dasein. Dieser Herzog war ein Mann mit extrem gegensätzlichen Eigenschaften – ein typischer Vertreter des doppelgesichtigen barocken Genies. Ausgestattet mit vielen Talenten, einem ausgeprägten Sinn für Kunst und Lebensart, war er launisch, prunksüchtig und oft ungerecht zu seinen Untertanen.

Dem kulturellen Leben in Württemberg gab Carl Eugen wertvolle Impulse, die zum Teil noch in heutiger Zeit wirken – man denke nur an die Akademie der Bildenden Künste, an die seit 1947 wieder betriebene Porzellanmanufaktur, an die Württembergische Landesbibliothek oder an die legendäre Hohe Carlsschule, aus der eine Reihe großer Persönlichkeiten hervorging. An seine rastlose Aktivität erinnern auch die von ihm hinterlassenen Bauwerke, vor allem die Schlösser Monrepos, Solitude, Hohenheim und das Neue Schloß, die uns als Zeugen dieser glanzvollen Epoche geblieben sind.

Oper, Ballett, Musik, Schauspiel und deren Ausstattung mit Kostümen und Dekorationen wurden unter Carl Eugen gefördert wie an kaum einem anderen Hof Europas. Alle diese Gattungen verschmolzen und gipfelten im höfischen Fest zu einem schillernden Gesamtkunstwerk.

Das vorliegende Buch befaßt sich mit dieser letzten Blüte absolutistisch-barocker Fest- und Theaterkultur. Nach einer kurzen Darstellung der Entwicklung des Fest- und Theaterwesens sowie der Kulturpolitik unter ›Serenissimus‹ Carl Eugen, werden die pompösen Geburtstagsfeste und deren Elemente geschildert.

Höhepunkt jener Geburtstagsfeierlichkeiten war über mehrere Jahre hinweg das sogenannte ›Festin in Ludwigsburg‹, dem zwei Kapitel dieses Buches gewidmet sind. Besonders am Beispiel des ›Festin in Ludwigsburg‹ des Jahres 1764, bei dem ein Äußerstes an Pracht entfaltet wurde, wird das höfische Treiben unter Carl Eugens Herrschaft wieder lebendig. Ausgangspunkt der Schilderung sind drei Zeichnungen der gigantischen Festarchitektur in den Ludwigsburger Schloßhöfen. Diese Pläne sind von großer Seltenheit, denn sie gehören zu den wenigen Dokumenten, die aus der Glanzzeit der Dekorationskunst am württembergischen Hof erhalten sind. Verfasser der Pläne ist Innocente Colomba (1717–1793), der langjähriger Theatermaler und -architekt Carl Eugens war. Glücklicherweise gibt es zu diesem Geburtstagsfest auch einen ausführlichen Bericht* von Hofbibliothekar Joseph Uriot (1713–1788), mit dessen Hilfe die Pläne Colombas weitgehend gedeutet und das Festprogramm nachvollzogen werden konnten. Diese Reise durch die ›Festlandschaft‹ der weitläufigen Ludwigsburger Schloßanlage ist oft überraschend und durchaus vergnüglich. Im Anschluß an die Festbeschreibung werden die Dekorationen und deren Schöpfer im einzelnen vorgestellt.

Das Kapitel ›Venedig in Württemberg‹ schildert Carl Eugens Lustbarkeiten während seines Aufenthaltes in der Lagunenstadt sowie den herzlichen Empfang in Ludwigsburg bei seiner Rückkehr aus Italien. Die Faszination Venedigs wirkte in der schwäbischen Heimat noch lange nach. Ausführlich werden erstmals die ›Venezianischen Messen‹ vorgestellt, die der erfinderische Herzog bald nach seiner Rückkehr etablierte. Diese außergewöhnlichen Jahrmärkte mit Maskenpromenaden wurden jährlich ab 1768 bis zum Tod des Herzogs, also 25 Jahre lang, in den Residenzen Ludwigsburg und Stuttgart veranstaltet. Seit 1993 haben sie in Ludwigsburg eine Renaissance als Stadtfest erlebt.

---

* »Déscription des Fêtes données à Stoutgard 1764«. Das Buch liegt nur in französischer Fassung vor. Zitate daraus wurden von der Autorin übersetzt.

Barocke Festkultur in Europa und Württemberg

Die Feste des Herzogs Carl Eugen stehen noch ganz in der höfisch-barocken Tradition. Das Barockzeitalter, das stark zum Theatralischen neigte, brachte Feste von höchster Raffinesse hervor, die durch die neuen Errungenschaften Oper und Ballett bereichert wurden. Die absolutistischen Herrscher dieser Epoche führten einen exzentrischen Wettstreit, der ganz auf Repräsentation gerichtet war. Pomp und Prunk spiegelten mit allegorischen und mythologischen Gleichnissen Macht und Herrlichkeit eines Fürsten wieder. Höfische Feste boten dafür ein Spielfeld mit einer Fülle an Darstellungsmöglichkeiten. Glanzvolle Schlösser und Parkanlagen gaben zu diesen Spektakeln die passende Kulisse ab – hier waren die Schauplätze des »großen Welttheaters« (vgl. Alewyn, 1989). Die Grenzen zwischen Alltag und Fest wurden nahezu aufgehoben im ständigen Zeremoniell, einer spezifischen Feierlichkeit bei allen Handlungen und bei der Gestaltung der Umwelt, durch die sich die höfischen Menschen höchst augenfällig vom ›gemeinen Volk‹ distanzierten (vgl. Elias, 1969).

Der »Sonnenkönig« Ludwig XIV. lebte dies in exzessiver Weise anderen Fürsten seines Zeitalters vor. Er setzte den Maßstab, an dem sich sogar noch hundert Jahre später Herzog Carl Eugen zu messen versuchte. Nach den Vorbildern der berühmten Versailler Feste Ludwigs XIV., wie den »Plaisirs de l'Isle enchanté« von 1664 und den »Divertissements de Versailles« von 1668, sowie der italienischen »Festa teatrale« der Medici in Florenz entfaltete sich an den Höfen ganz Europas eine Festkultur im großen Stil.

»Das Verlangen nach gleichnishaftem künstlerischem Bezwingen der Weltfülle, die man sehen, hören, erleben und tanzen wollte, war unbändig. Verschwendung bedeutete nicht nur Genußsucht und Verantwortungslosig-

keit, sondern im tiefsten eine ruhelose und gehetzte Jagd nach der Unerschöpflichkeit des Daseins, einen Protest gegen Tod und Vergänglichkeit.« (Wagner, 1968)

Die talentiertesten Künstler wurden beauftragt, die oft wochenlangen Festlichkeiten zu inszenieren. Musik, Tanz, Schauspiel, Turniere, Feuerwerke und Festessen versetzten die Hofgesellschaft in einen Rausch der Sinne. Gastgeber und Gäste waren Zuschauer und Darsteller zugleich.

Das Fest war für den Fürsten ein besonders wirksames, und neben der Kriegsführung ein immerhin friedliches Instrument, dem eigenen Hofstaat und Volk, vor allem aber auch fremden Fürsten zu imponieren. Zu größeren Festlichkeiten waren stets ausländische Gäste und Gesandte geladen. Sie berichteten das Gesehene an ihren Höfen und trugen dadurch zur Verbreitung des Nimbus des veranstaltenden Fürsten bei. Die mündliche Propaganda durch Augenzeugen wurde durch schriftliche Festbeschreibungen ergänzt. Diese waren geeignet, die sich in den schnell verrauschenden Festen manifestierende ›Großartigkeit‹ eines Fürsten auf Dauer zu dokumentieren und publik zu machen. Kupferstiche oder Radierungen hielten die Pracht der Veranstaltungen im Bild fest und ergänzten die Berichte.

Auch in den Residenzen des Herzogtums Württemberg gab es im 17. und 18. Jahrhundert zahlreiche festliche Höhepunkte. Einige davon sind durch Berichte und Bilder überliefert. Ein besonders schönes Beispiel eines frühbarocken Hoffestes in Stuttgart, die herzogliche Taufe des Jahres 1616, ist überliefert in der Beschreibung von Georg Rodolf Weckherlin mit Kupferstichen von Essaias van Hulsen und Matthäus Merian. Fleischhauer beschreibt in seinem Buch »Barock im Herzogtum Württemberg« das festliche Treiben unter Herzog Eberhard III bis Herzog Carl Alexander im Zeitraum von 1628 bis 1737, das je nach Vorlieben und zur Verfügung stehenden finanziellen Mitteln des regierenden Fürsten mal stärker, mal schwächer ausgeprägt war.

Im ausklingenden Barockzeitalter setzte Herzog Carl Eugen in Württemberg noch einmal Glanzlichter festlichen Lebens. Er entwickelte seit seinem Regierungsantritt durch Heranziehung der besten Künstler und durch den Ausbau perfekter Spielstätten eine Theater- und Festkultur, die ihresgleichen suchte. Der Höhepunkt

Stuttgarter Hoffest von 1616,
Kupferstich von Matthäus Merian/
Essaias van Hulsen

dieser Entwicklung war Anfang der 1760er Jahre erreicht. Eine authentische Beschreibung von der damaligen Situation am württembergischen Hof hinterließ kein Geringerer als der Abenteurer Giacomo Casanova (1725–1798), der sich im Jahr 1760 in Stuttgart und Ludwigsburg aufhielt. Er schreibt in seinen Memoiren:

»Zu jener Zeit war der Hof des Herzogs von Württemberg der glänzendste von ganz Europa. Seine Kosten trug Frankreich, das ihm bedeutende Zuschüsse zahlte, um über zehntausend Mann zu verfügen. Es war eine schöne Armee, die sich im ganzen Krieg nur durch Fehler hervorgetan hatte.

Die großen Ausgaben des Herzogs bestanden in großzügigen Gehältern, prachtvollen Gebäuden, Jagdzügen und Verrücktheiten aller Art; ein Vermögen kostete ihn jedoch das Theater. Es gab eine Französische Komödie, eine Komische Oper, eine italienische Opera seria und Opera buffa, und zehn Paare italienischer Tänzer, von denen jedes bereits in einem berühmten Theater Italiens als Solisten aufgetreten war. Die Ballette wurden von Noverre einstudiert, der oft hundert Figuranten einsetzte; ein Maschinist baute ihm Dekorationen, die den Zuschauer fast an Zauberei glauben ließen. Alle seine Tänzerinnen waren hübsch, und jede rühmte sich, wenigstens einmal Seine liebessüchtige Durchlaucht beglückt zu haben ...«

Casanova läßt sich im folgenden noch weiter über die Mätressenwirtschaft des Herzogs mit seinen Tänzerinnnen aus, die übrigens auch dem Venezianer selbst ganz gut gefielen, dann gibt er noch eine interessante Einschätzung Carl Eugens:

»Schon nach wenigen Tagen erkannte ich klar, daß der Fürst das alles nur tat, um von sich reden zu machen. Sein Wunsch war, man sollte von ihm sagen, kein Fürst seiner Zeit habe mehr Verstand oder mehr Geistesgaben als er, keiner verstehe es besser, Vergnügungen zu ersinnen und sie zu genießen, keiner regiere mit mehr Geschick, keiner genieße in so vollen Zügen alle Genüsse der Tafel, des Bacchus und der Venus, und das auf keinen Fall auf Kosten der Zeit, deren er für die Regierung seines Staates bedurfte. Um für alles Zeit zu finden, hatte er sich entschlossen, die Natur um die Stunden zu betrügen, die er zum Schlafen benötigte, und jeder Diener fiel in Ungnade, dem es nicht gelang, ihn nach drei oder vier Stunden Schlaf aus dem Bett zu bringen.«

Soweit Casanova über den wahrlich rast- und ruhelosen Carl Eugen, dessen Schlafverzicht sich, wie man heute beurteilen kann, in seinem Sinne ›gelohnt‹ hat, denn seine Liebesaffären und Feste haben ihn in der Tat berühmt-berüchtigt gemacht.

Leider gibt es von den Festen nur wenige detaillierte Berichte. Dies sind im wesentlichen die Beschreibung des Hochzeitsfestes von Carl Eugen und Elisabeth Friederike von Bayreuth aus dem Jahr 1749 sowie die Beschreibungen der herzoglichen Geburtstagsfeste der Jahre 1762, 1763 und 1764. Freiherr von Buwinghausen und Franziska von Hohenheim schildern in ihren jeweiligen Tagebüchern einige Feste lebendig, aber sehr knapp. Das Bildmaterial zu Carl Eugens Festen fällt noch spärlicher aus. Es ist erstaunlich, daß bei all dem Aufwand keine Kupferstiche von den Festszenen angefertigt wurden – nur die Beschreibung des Hochzeitsfestes enthält fünf Kupferstiche.

Die Festbeschreibungen sind hochinteressante Geschichtsquellen und lassen, kritisch betrachtet, so manchen Rückschluß auf Carl Eugens Persönlichkeit zu. Seine Eitelkeit verlangte stark nach Bewunderung von anderen Fürsten und bedeutender Personen. Der hohe Stellenwert dieses ›Rufes‹ geht aus auffallend vielen Bemerkungen in Uriots Berichten hervor. Nicht ohne Genugtuung gibt Uriot 1764 die Komplimente hochgestellter Leser seines Festberichtes von 1763 bekannt. Darunter befand sich auch der Philosoph Voltaire (1694–1778). Dieser hatte einen ›Leserbrief‹ an Uriot geschrieben, der in der Festbeschreibung von 1764 abgedruckt wurde. Er bringt den Zeitgeist deutlich zum Ausdruck:

»... Vous décrivez vos belles Fêtes, Monsieur, d'une manière digne du grand & aimable Prince qui les a données.

Vous êtes son Bibliothécaire, mais vous ne trouverez rien dans ses livres qui approche de son goût & de sa magnificence. Je n'ai jamais senti si cruellement ce que c'est-que la vieillesse & la mauvaise santé que quand elles m'ont empêché l'un & l'autre de me mêler dans la foule des Admirateurs; mais j'ai crû voir, en vous lisant, toutes ces choses qui tiennent du prodige.

Je ne puis trop vous remercier de l'attention que vous avez eue de m'en faire parvenir une Relation qui vous fera honneur partout où les Beaux-Arts seront connus & cultivés. ...«

Voltaire

(»Sie beschreiben Ihre schönen Feste, Monsieur, auf eine Weise, die dem großen und liebenswerten Fürsten, der sie veranstaltet hat, würdig ist. Sie sind sein Bibliothekar, aber sie werden nichts in seinen Büchern finden, das seinem Geschmack und seiner Herrlichkeit

Joseph Uriot, Bibliothekar und Lobredner Carl Eugens

nahe kommt. Nie zuvor fühlte ich so grausam, was Alter und Krankheit bedeuten, als in dem Moment als sie mich beide daran hinderten, mich unter die Menge der Bewunderer zu mischen; aber als ich Ihren Bericht las, glaubte ich all die ans Wunderbare grenzenden Dinge zu sehen.

Ich kann Ihnen nicht genug für die Aufmerksamkeit danken, mir einen Bericht zukommen zu lassen, der Ihnen überall zur Ehre gereichen wird, wo man die Schönen Künste kennt und pflegt. ...«

Voltaire)

Dieser Brief war natürlich ein Triumph für den Herzog und Uriot. Voltaire mußte noch vom letzten Zweifler als Garant für den ›guten Geschmack‹ am württembergischen Hof anerkannt werden. So wie Voltaire es beschreibt, wollte Carl Eugen sich in seinen Festen und deren Beschreibungen dargestellt sehen: großartig, liebenswürdig, souverän, bewundert, Wunderbares vollbringend und als Kenner und Förderer der Schönen Künste.

Des Herzogs Vergnügen – des Volkes Nutzen?

Im Vorwort des Festberichts des Jahres 1764 formuliert Joseph Uriot außerdem eine ganze Reihe interessanter Gedanken zu den Hoffestivitäten, die unter anderem Aufschluß über Herzog Carl Eugens Kunst- und Kulturpolitik geben. Uriot rechtfertigt die kostspieligen Feste mit mehreren Argumenten: einerseits mit dem höheren Wert der Kunst an sich, die durch die Feste gefördert wurde, andererseits mit dem handfesten, ›reellen‹ Nutzen der Feste für alle Untertanen. Ein weiterer Zweck der Feste bedurfte keiner Rechtfertigung: den Namen des Herzogs unsterblich zu machen.

»Derart prachtvolle Feste versetzen zweifellos in Erstaunen, aber noch erstaunlicher ist, daß das Genie des Fürsten, der sich scheinbar nur an ihnen amüsieren will, sie schon dazu nützt und zukünftig noch mehr nützen will, ernsthafteren und würdigeren Objekten zu dienen um seinen Namen zu verewigen, in dem er durch sie notwendiges Wissen und wirkliche Vorteile für seine Untertanen fördert. Immer ist es der Palast der anmutigen Künste, durch den ein Herrscher, der Geist genug besitzt die Menschen zu kennen, sie in das Allerheiligste der nützlichen Künste führt.«

Die Feste sollten keineswegs nur dem Vergnügen des Herzogs dienen, sondern er ›benützte sie auch für ernstere und würdigere Zwecke‹ – sie sollten quasi das Angenehme mit dem Nützlichen verbinden. Der reelle Nutzen der Feste für die Untertanen wird nicht weiter erläutert, gemeint sind wohl die Arbeits- und Verdienstmöglichkeiten. Die Wirtschaft und der Handel konnten durch die hohe Konsumtion der Feste profitieren. Organisation, Durchführung und Ausstattung der Feste boten zahlreiche teils hochqualifizierte Arbeitsplätze. Die Spitzenkunst bei Hofe wird als ›Standortfaktor‹ der Residenzen dargestellt, der zu einer Steigerung ihrer Attraktivität und einem Wachstum des Fremdenverkehrs beitragen konnte. Dazu mußte jedoch eine Kunstförderung auf höchstem internationalem Niveau betrieben werden:

»Daher werden sich die exzellente italienische Musik dieses Fürsten, sein Ballett der besten und zahlreichsten Art, die man je sah und seine Französische Komödie, die eine der bestzusammengesetzten Europas ist, obwohl sie nur seinem Vergnügen zu dienen scheinen, bald absolut zum Nutzen der Einwohner seiner Residenzen wenden, und zu dem der Fremden, die die Neugier und der freundliche Empfang, den er ihnen bereitet, an seinem Hof Halt machen läßt.«

Man rechnete sich aus, daß die Fremden, die durch die Feste und Schauspiele angezogen wurden, durch Übernachtung in Gasthöfen, Verzehr und Einkäufe eine Menge Geld ins Land bringen würden. Dem häufigen Vorwurf der hohen Bezahlung ausländischer Künstler wurde mit dem ähnlichen Argument begegnet, daß diese Gagen im Lande ausgegeben und damit der einheimischen Wirtschaft zugute kommen würden. Diese Logik hielt leider der Wirklichkeit nicht stand.

Carl Eugen sah in seiner Eigenschaft als Landesherr die Pflicht zur Förderung der Kunst, die ohne seine Aufträge nicht existieren könne. Wenige Jahre vorher hatte er eine *Académie des Arts* gegründet, deren Schüler und Meister vor allem zur Ausgestaltung der Feste herangezogen wurden:

»Daher hat seine Durchlaucht, nachdem er Architekten, Maler und Bildhauer von hervorragendem Verdienst zur Verschönerung seiner Feste wie zur Errichtung und Verzierung der verschiedenen Gebäude, die er allseits bauen läßt, in seine Dienste genommen hat, unter diesen Meistern eine Akademie der Architektur, der Malerei und der Bildhauerei gegründet.«

Man beachte, daß die Verschönerung der Feste an erster Stelle der Aufgaben der besten Künstler am Hof genannt wird! Der langfristige Nutzen der Kunstförderung sollte sich an den Schloßbauten des Herzogs zeigen. Diese beiden Aufgabenfelder der Kunst zeigen, wie nahe höfische Werthaltungen, die Sinn und Glanz verloren haben, bei solchen liegen, die nichts an Sinn und Glanz eingebüßt haben. (vgl. Elias, 1969)

Die vorangegangenen Überlegungen machen deutlich, daß man sich bei Hof der Bedeutung der Feste als Politikum wohl bewußt war. Ihr ›Sinn‹ erschöpfte sich nicht im Vergnügen der Hofgesellschaft und in der Kunstförderung. Das höfische Fest war stets ein hoch komplexes Gebilde. Immer enthielt es Aspekte der Macht-, Staats-, Außen-, Innen- und Wirtschaftspolitik.

Das Fest als Gesamtkunstwerk

Was sollte ein Fest in den Augen eines Künstlers idealerweise darstellen? Eine Antwort finden wir in Jean-Georges Noverres *»Briefe an einen Künstler, betreffend die öffentlichen Feste«*, in denen er seine Gedanken über das Wesen künstlerisch anspruchsvoller Feste niederschrieb.

Der Tänzer und Choreograph Noverre trug maßgeblich zum europäischen Ruf des württembergischen Hoftheaters bei. Als der in Paris geborene Künstler 33-jährig vom fast gleichaltrigen Carl Eugen verpflichtet wurde, hatte er bereits eine steile Karriere vorzuweisen. Dank hervorragender Bedingungen konnte er in Stuttgart und Ludwigsburg seine Kunst vervollkommnen und weiterentwickeln. Hier veröffentlichte er auch seine berühmten *»Lettres sur la Danse«*, die er seinem Gönner Carl Eugen widmete. Mit diesem umfangreichen Werk lieferte er die theoretische Grundlage für das Ballett als eigenständige Kunstform.

Auszüge aus den *»Briefen an einen Künstler, betreffend die öffentlichen Feste«*:

»Feste sind im allgemeinen Kinder des Geistes und des Friedens. Sie sind die vereinten Künste, Kinder des Geschmacks und der Phantasie, die hier ihre zauberhafte Magie ausbreiten und die Zuschauer durch ihre Macht in himmlische Regionen versetzen. Dies ist ihr Reich, solange sie im Einklang handeln und die gute Fähigkeit haben, ihre Anstrengungen zu vereinigen um Wunderbares hervorzubringen. Ich sage, daß die Künste Brüder sind, daß sie eine Familie bilden, daß eine unzertrennliche Kette sie aneinanderbindet, daß sie ein gemeinsames Ziel haben: die Nachahmung der schönen Natur, daß sie dahin durch verschiedene Prinzipien und auf verschiedenen Wegen gelangen; aber selbst die Liebe, die Eifersucht und all die kleinen Leidenschaften, die die Menschen erniedrigen und die Künstler herabwürdigen, tragen notwendigerweise zu ihrer Uneinigkeit bei und stellen sich stets ihrem Fortschritt entgegen.

Die Künste müssen sich mit Erhabenheit ankündigen; was sie schaffen, muß nobel, einfach und groß sein. Ich will damit nicht sagen, daß das Riesenhafte ihr Zauber sein soll. Schönheit kann ohne Proportionen nicht bestehen, eine übertriebene Nachahmung degradiert den Künstler und verletzt den guten Geschmack. Die Nachahmung der schönen Natur muß ihr gleichen

Jean-Georges Noverre
(1727–1810)

und, so weit möglich, die Natur selbst sein. Wenn diese Nachahmung übertrieben oder manieriert ist, stellt sie nichts dar als Karikaturen, Monstren oder Grimassen.«

»Das Wort Fest kündigt etwas Bedeutendes und Großartiges an. Dieses Wort ist das Erwachen der Neugier, weil es Wunderbares erwarten läßt. Ein Fest ist ein Gedicht - es muß ein Gedicht sein. Es ist der Regel der Einheitlichkeit in keiner Weise unterworfen; aber es muß wie jedes Kunstwerk einen Anfang, eine Mitte und ein Ende haben. Das Hauptthema und die Größe des Ortes müssen die Anordnung und Planung vorgeben. Auf alle Fälle muß es, wie die dramatischen Werke, seine Darlegung, seine Verwicklung und seine Auflösung haben.

Nach diesen Prinzipien muß ein solches Fest wie ich es meine verschiedene Teile haben; jeder davon muß neue und ständig nach Interesse und Situation wechselnde Rahmen präsentieren; jede dieser Szenen muß erfreuliche und kunstvoll angelegte Kontraste bieten.

Um dem eben gesagten mehr Klarheit zu verleihen, zitiere ich die Henriade. Dieses schöne Gedicht ist in mehrere Gesänge geteilt, die jeweils wechselne Bilder, Gefühle, Leidenschaften und Belange offerieren. Alle diese Gesänge bieten der Phantasie eine Menge an meisterhaft gemalten Bildern, von Gesang zu Gesang nähert man sich der dramatischen Auflösung. Also, ein Fest ist ein Heldengedicht, es muß das gleiche Interesse, die gleiche Vielfalt und die gleichen Gegensätze vereinen.«

»Die Musik in all ihren Formen ist integraler Bestandteil der Feste; als höchsten Richter kennt sie nur das Ohr – um ihm zu gefallen muß sie alle Mittel anwenden. Diese erhabene Kunst beschränkt ihre Wirkung nicht auf den unbedeutenden Glanz eines eitlen Geräusches, sondern erreicht ihr Ziel durch die Sprache der Leidenschaften, denen sie mit den Tönen des Gefühls Gestalt und Ausdruck verleiht ...

Die anderen Künste, wie die Malerei, die Architektur, die Bildhauerei und der Tanz, haben ihrerseits nur das Auge als Richter ihrer Leistung. Wenn das Ohr, von Harmonie und Melodie ergriffen, der Seele geschwind die herrlichen Empfindungen und die heftigen Gefühle mitteilt, so malt das Auge, bezaubert von all dem Wunderbaren das die Künste ihm vorstellen, mit gleicher Geschwindigkeit all die verführerischen Bilder, die es fasziniert haben.

Also mit Hilfe dieser beiden Sinne empfinden wir die köstlichen Vergnügen; jedoch nur, wenn diese Künste ihr einziges Ziel erreicht haben, die Imitation der schönen Natur. Haben sie dieses verfehlt, zerrinnt der Reiz und das Vergnügen schwindet, Überdruß und Langeweile bemächtigen sich unser. Während Auge und Ohr, diese regen Agenten unseres Geschmacks und unse-

rer Empfindung, sich von Wundern im umgekehrten Sinne, als sie die Phantasie erwartete, befallen sehen, verschließen sie sich und lassen uns Abscheu verspüren. Man kann auf einem schlechten Kannevas nicht sticken, auf einer Tabaksdose kein Historienbild malen, und auf einem engen und unregelmäßigen Boden keine großartige und imposante Architektur errichten. Mit den Festen ist es das Gleiche: wenn ihr Thema ärmlich und zusammenhanglos ist, wenn sie dem Genie nicht ein weites und ergiebiges Feld bieten, welchen Nutzen könnte man aus ihnen ziehen, welche Wirkung soll man von ihnen erwarten? Wenn das Thema schlecht gewählt ist, ist der Reinfall sicher; vergebens ist dann der Versuch, das Fest mit Ereignissen zu retten, die keinen Zusammenhang haben: wenn die Fundamente eines Gebäudes fehlerhaft sind muß es einstürzen.

Damit die einzelnen Abschnitte glücken, müssen sie sozusagen aus dem Thema selbst geboren werden, sodaß sie zu seiner Verschönerung beitragen und untrennbarer Bestandteil sind, auf den nicht verzichtet werden kann, ohne Handlung und Interesse abzuschwächen und ohne sich dem zügigen Fortgang entgegenzustellen, den Werke dieser Art haben müssen.«

»Ohne Geschmack und ohne Phantasie erreicht man nichts Schönes.«

»Ich werde diesen Brief mit der Behauptung beenden, daß nichts dem Geschmack, der Phantasie und dem Erfindungsgeist mehr liefert, als das Vorhaben eines großen Festes. Diese Art des Schauspiels bietet dem Genie ein weites Feld zum Durchschreiten, mit so viel mehr Beifall und bequemer Gelegenheit, da alle Künste zu seiner Verfügung stehen, und gänzlich bereit sind, ihm all ihre Schätze zu offenbaren. Die Poesie, die Vokal- und Instrumentalmusik, die Dekorationsarchitektur und die Bildhauerei, die Malerei in all ihren Arten, der Tanz und die Ballette und schließlich die Mechanik, dem könnte man noch die mit Medaillons, Sinnsprüchen und -bildern ausgeschmückten Illuminationen, die sprühenden Feuerwerke, die Wasserspiele, das Scheinbild einer Seeschlacht etc etc. hinzufügen. Welche Schätze, welche Reichtümer! Das Ganze hängt daran, diese mit Geschmack einzusetzen, und sie nicht durch irren Kostenaufwand oder unvernünftige Auswahl zu mißbrauchen.

Edelsteine erhalten neuen Glanz, wenn sie ins Werk gesetzt werden und von einer fähigen und geschickten Hand verarbeitet werden.«

Kavalier und Dame,
Zeichnung von G.F. Riedel, um 1760

Entwicklung des Fest- und Theaterwesens unter Carl Eugen

Einflüsse in den 1740er Jahren – Berlin, Bayreuth, Paris

Schon in jugendlichem Alter bekam Carl Eugen Kontakt zu einem prächtig geführten Hofleben, als er mit seinen beiden Brüdern von 1741 bis 1743 zur Erziehung am Hof König Friedrichs des Großen (1712–1786) in Berlin verweilte (vgl. Boepple, 1915). Der Vater der drei Brüder, Herzog Carl Alexander, war 1737 plötzlich verstorben. Bis zum Regierungsantritt Carl Eugens im Jahr 1744 wurde eine vormundschaftliche Regierung eingesetzt. Friedrich der Große, der politisches Interesse an Württemberg hatte, warb bei der Mutter der drei Brüder um deren Erziehung an seinem Hofe mit dem Versprechen *»den Prinzen ein eigenes Lustschloß, sowie Pferde und Wagen zur Verfügung zu stellen; er werde die Prinzen wie seine eigenen ansehen, er werde ihnen Gelegenheit geben, Opern, Komödien und Konzerte zu besuchen und ihnen ihren Aufenthalt so angenehm wie möglich zu machen.«* Der König hielt sein Versprechen. Die Brüder genossen eine hervorragende Ausbildung. Neben den Wissenschaften wurden sie in Kunst und Belletristik, im Reiten, Fechten und Tanzen unterrichtet. Außerdem waren sie *»zu allen Hoffestlichkeiten eingeladen, ja der König selbst stellte ihnen seine Gemächer zur Verfügung zu einer Feier anläßlich des Geburtstages des Erbprinzen [Carl Eugen] und übernahm deren Kosten.«*

Anfang des Jahres 1744 wurde der noch nicht ganz 16jährige Carl Eugen vom Kaiser mündig gesprochen. Laut Friedrich besaß der junge Herzog, *»in seiner Bildung den Jahren vorauseilend, vermöge seiner Einsichten, Gaben und Eigenschaften alle Tüchtigkeit, um selbst zu regieren.«* Damit war natürlich der Zeitpunkt für die Rückkehr Carl Eugens in sein Herzogtum Württemberg gekommen. In seinem *»Fürstenspiegel oder die Anweisung des Königs für den jungen Herzog Carl Eugen von Württemberg«* gab Friedrich unter anderem den Ratschlag

»Genießen Sie Ihre Jugend und lassen Sie einige Jahre im Genusse lebend, verstreichen.« Dieser Rat wäre vermutlich nicht nötig gewesen ...

Carl Eugen reiste von Berlin nach Bayreuth. Hier wurde die Verbindung zwischen den Häusern Brandenburg-Bayreuth und Württemberg durch die Verlobung des jungen Herzogs mit der 11jährigen Elisabeth Friederike Sophie (1732–1780), Tochter von Friedrichs Schwester Markgräfin Wilhelmine von Bayreuth, gefestigt. Das höfische Leben in Bayreuth stand dem in Berlin an Prächtigkeit nicht nach: *»Glänzende Feste wurden während der ganzen Zeit von Carls Aufenthalt an dem lebenslustigen Hofe zu Bayreuth gefeiert.«* Nach dem mehrwöchigen Aufenthalt in Bayreuth traf der verwöhnte junge Herzog am 10. März 1744 in Stuttgart ein. Hier erwartete ihn eine ziemliche Ernüchterung: Weder ein glanzvolles Schloß, geschweige denn Oper, Ballett oder Schauspiel fand er hier vor. Die Lustbarkeiten von Berlin und Bayreuth vor Augen, stürzte er sich mit großem Tatendrang in den Aufbau eines Hofes nach seinen Vorstellungen. Als Erstes mußte in Stuttgart ein neues, den modernen Repräsentationsbedürfnissen angemessenes Schloß als würdige Residenz gebaut werden, denn der selbstbewußte junge Herzog empfand das unelegante, massige Alte Schloß als Zumutung. Da man in Stuttgart unter allen Umständen verhindern wollte, daß Carl Eugen im Ludwigsburger Schloß Residenz nahm, wurde ihm der Bau von den Landständen* bewilligt und sofort mit der Planung durch den Architekten Leopoldo Retti (1704–1751) begonnen. Der Grundstein des Neuen Schlosses wurde 1746 gelegt. Bald darauf wurde das ›Neue Lusthaus‹, ein prächtiger Renaissancebau, hergerichtet für ›Redouten‹, die bei Carl Eugen sehr beliebten Maskenbälle.

1748 reiste Carl Eugen nach Paris, das ihn enorm beeindruckt haben dürfte. Dort hielt er sich von da an einen Agenten, der ihm alle französischen Neuerscheinungen, Hofzirkulare und Bücher über Architektur und Dekorationskunst zu beschaffen hatte, so daß er stets über den französischen Stil und sein Vorbild König Ludwig XV. (1710–1774) informiert war.

---

* Die Landstände waren ein demokratisches Organ mit 69 weltlichen und 14 kirchlichen Deputierten, dem unter anderem die Steuerbewilligung vorbehalten war. Dieses Organ war begründet im ›Tübinger Vertrag‹, der Verfassung des Herzogtums Württemberg 1514–1805.

Carl Eugen und Elisabeth Friederike Sophie von Brandenburg-Bayreuth, abgebildet in der Hochzeitsbeschreibung von 1749

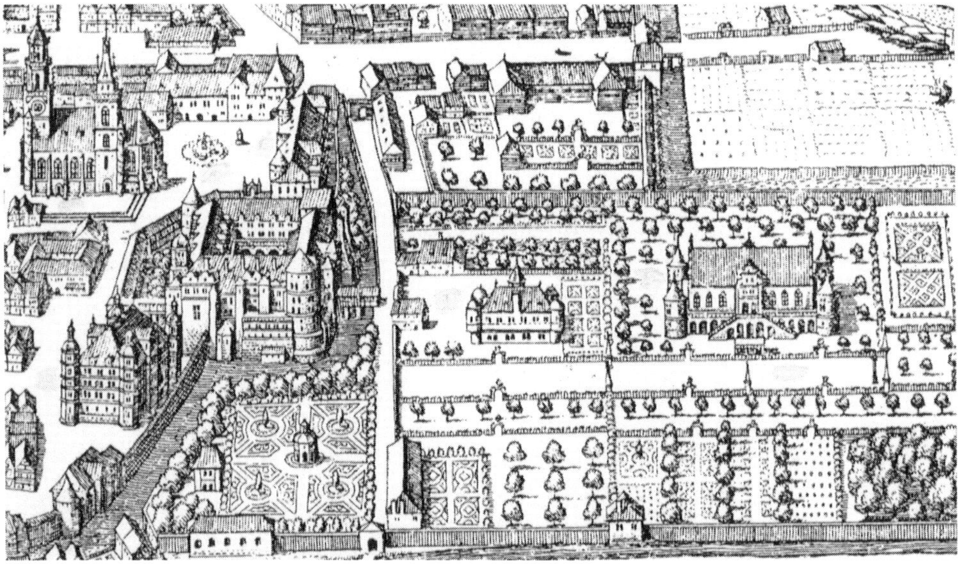

Die herrschaftlichen Gebäude, die der junge Carl Eugen in Stuttgart vorfand: Neuer Bau, Altes Schloß, Altes Lusthaus (Kunstkammer), Neues Lusthaus

Am 26. September 1748 wurde mit großem Pomp die Hochzeit mit Friederike Sophie in Bayreuth gefeiert. Im Jahr darauf wurden die Feierlichkeiten in Stuttgart fortgesetzt. Vor den Augen seiner Gemahlin aus dem feudalen Bayreuth und unter den Eindrücken seiner Parisreise konnte Carl Eugen die magere Hofhaltung in seiner Residenz nicht lange hinnehmen.

Berlin, Bayreuth und Paris waren also die Höfe, die den Geschmack und die Vorstellungswelt des jugendlichen Carl Eugens bildeten. An allen dreien nahm die Pflege der Künste einen großen Raum ein und hatte das Rokoko eine besondere Ausprägung: Friderizianisches Rokoko, Bayreuther Rokoko und Louis-quinze.

Aufbau des Hoftheaters in den 1750er Jahren

Während der sieben Jahre dauernden Vormundschaftsregierung waren Hoftheater und Hofmusik auf ein Minimum reduziert worden. Carl Eugen und seine Frau Friederike Sophie unternahmen große Anstrengungen, nach und nach einen erstklassigen Stamm an darstellenden und bildenden Künstlern heranzuziehen.

Die Instrumental- und Vokalmusik wurde durch das Engagement hervorragender Talente, in der Mehrzahl aus Italien, gezielt ausgebaut. Waren bei Carl Eugens Regierungsantritt noch zirka 20 Musiker angestellt, bestand das Hoforchester im Februar 1745 bereits aus 43 Mitgliedern, unter denen die meisten hochbezahlte Virtuosen waren.

Noch gab es in Stuttgart kein adäquates Opernhaus. Diesem Zustand wurde 1750 abgeholfen, als Leopoldo Retti das Neue Lusthaus zur Hofoper umbaute. Für dieses Vorhaben wurde auch der begabte Theatermaler Innocente Colomba engagiert, der knapp zwei Jahrzehnte das Dekorationswesen mit großem Einfallsreichtum leitete. Am 30. August des Jahres fand die Einweihung des Opernhauses mit der Oper ›Artaserse‹ von C. H. Graun statt. Die Oper nahm von nun an breiten Raum im festlichen Leben ein (vgl. Krauß, 1908/Drüner, 1994).

Von seiner ersten Italienreise im Jahr 1753 nahm Carl Eugen etliche Anregungen für seine Hofhaltung und insbesondere für die Hofmusik mit. Aus dem Reisetagebuch geht hervor, daß er während der Karnevalszeit in Venedig fast jeden Abend eines der zahlreichen Opernhäuser besuchte. Auf dieser Reise verpflichtete der Herzog auch den damals hochberühmten Opernkomponisten Niccolo Jommelli von Rom nach Stuttgart.

Nachdem nun ein glänzendes Opernhaus und die entsprechenden Musiker und Sänger zur Verfügung standen, wurde 1756 auch ein Ballett verpflichtet. Unter den großartigen Tänzerinnen und Tänzern ragte Gaetano Vestris (1729–1808), der ›Tanzgott aus Paris‹ besonders hervor, der jährlich zur Festsaison nach Stuttgart kam. Den prominenten Choreographen Jean-Georges Noverre konnte man 1760 als Ballettmeister gewinnen.

Das Arrangieren und Dekorieren der Hoffeste unterstand seit seiner Einstellung im Jahr 1752 dem Oberbaudirektor Philippe de La Guêpière. Im Jahre 1758 wurde unter seiner Leitung das Schloßtheater in den Theaterbau in Ludwigsburg eingebaut. Im gleichen Jahr wurde das Neue Lusthaus in Stuttgart von La Guêpière und Theatermaschinist Keim noch einmal umgebaut. Dieses Projekt war unter den vielen Theaterprojekten Carl Eugens das Bedeutendste. Die Oper im Lusthaus zählte zu den schönsten und größten Opernhäusern Europas.

Das Hoftheater, das nun schon eine Oper und ein Ballett von hoher Qualität besaß, wurde im Jahr 1758 erweitert durch eine Truppe französischer Komödianten. Die französische Komödie stand in Württemberg wie an den meisten deutschen Fürstenhöfen viele Jahre stellvertretend für das Sprechtheater. Deutsches Schauspiel setzte sich erst am Ende des 18. Jahrhunderts durch. Trotz des ausgezeichneten Ensembles (darunter einige Schauspieler aus Bayreuth wie Joseph Uriot) stand die französische Komödie in der Aufmerksamkeit des Herzogs immer hinter Oper und Ballett zurück.

Im Jahr 1756 verließ Friederike Sophie ihren untreuen Gemahl und ging zurück nach Bayreuth. Bis zum Jahr 1771, als er in Franziska von Hohenheim eine dauerhafte Lebenspartnerin fand, standen dem Herzog die an ihren blauen Schuhen erkennbaren Mätressen zur Seite, meist Tänzerinnen oder Sängerinnen.

Oper im Neuen Lusthaus, Entwurf von Philippe de La Guêpière von 1758

Höhepunkt und Krise in den 1760er Jahren

Die württembergischen Landstände sahen das selbstherrliche Auftreten des jungen Landesherrn mit zunehmendem Unwillen. Dies betraf in erster Linie die Kostspieligkeit seiner Hofhaltung. Die Bauprojekte, der aufgeblähte Hofstaat und die Gagen der Künstler kosteten schwindelerregende Summen. Da S.A.S. (*Son Altesse Sérénissime* – Ihre Durchlaucht) nicht bereit war, Abstriche zu machen, begann ein sich über Jahre hinziehender Streit. Carl Eugen betrachtete die Künste als unverzichtbare Geistesbeschäftigung und ihre Pflege außerdem als Wirtschaftsförderung. Nicht nur für die darstellenden Künste gab er mit reinstem Gewissen Unsummen aus, auch die bildenen Künste standen in seiner Gunst. Im Generalreskript zur Errichtung einer ›Académie des arts‹ in Stuttgart vom Juni 1761 heißt es:

»Es kann niemand zweifeln, daß die schöne Künste, und besonders die Malerei, Bildhauerei und Baukunst nicht jederzeit die würdigsten Beschäftigungen des menschlichen Wizes und der menschlichen Geschicklichkeit gewesen seien. Es ist gleichermaßen unstrittig, daß, wenn auf einer Seite die schöne Künste dem menschlichen Wiz zur Ehre gereichen, sie anderwärts auch von der größten Nuzbarkeit seien, da sie uns diejenige Gemächlichkeiten verschaffen, die das Leben angenehm machen, auch, weil sie den äußerlichen Pracht und Überfluß befördern, zu gleicher Zeit die Handlung [= Handel] in Flor bringen, welche Quelle von den Reichthümern eines Staates ist. Was kann also die Aufmerksamkeit eines großen Fürsten stärker reizen und beschäftigen, als eben diese so schöne als nüzliche Künste …«

Anstatt sich einzuschränken, steigerte Carl Eugen die Ausgaben für Hoflustbarkeiten, Reisen und Schloßbauten skrupellos. Seine Geburtstagsfeiern nahmen immer größere Ausmaße an. 1762 unternahm er eine Lustreise nach Venedig. Vier Lustschlösser wurden in Angriff genommen: das Seehaus – später Monrepos genannt – bei Ludwigsburg, Schloß Grafeneck bei Münsingen, Schloß Einsiedel bei Tübingen und Schloß Solitude mit dem Bärenschlößchen bei Stuttgart (vgl. Eugen, 1933; Kleemann, 1966; Fleck, 1986). Solitude mit seinen großartigen Gartenanlagen und einem eigenen Operntheater wurde für rund zehn Jahre bevorzugter Ort herzoglicher Vergnügungen. Das festliche Leben und das Theater am württembergischen Hof hatte mittlerweile seinen Höhepunkt erreicht. Der weitgereiste Baron von Wimpffen schrieb in seinen Memoiren:

»Im Jahre 1763 kam ich vom spanischen Hofe nach Stuttgart zurück und drehte mich nun an diesem Hofe zehn Jahre lang in einem Kreise von Vergnügungen und Fêten herum, deren Genuß keine Unruhe unterbrach. So ein Hof war damals nicht wie der Württembergische. Der Herzog hielt 15 000 Mann der besten, schönsten und diszipliniertesten Truppen, die es je gab. Bei 200 Edelleute, und unter diesen bei 20 Prinzen und Reichsgrafen waren in seinen Diensten. Er hatte für seine Person bei 800 Pferde. Ludwigsburg, seine gewöhnliche Sommerresidenz, wurde von ihm immer mehr vergrößert und verschönert. Man fand am Württembergischen Hofe die erste Oper von ganz Europa, das erste Orchester, die schönsten Ballette, die beste französische Komödie nach der zu Paris. Und bei so vielen fast täglichen Spektakeln, die man ohne einige Bezahlung genießen konnte, gab es noch viele außerordentliche Fêten, deren volle Pracht ich erst alsdann recht schätzen lernte, wie ich nachher sah, was oft an anderen Höfen allgemeine Bewunderung erhielt. Nichts war aber angenehmer, als die Sommerreisen des Herzogs auf seine Landschlösser. Was je nur Natur und Talente vermochten, um Freude und Genuß hervorzubringen, war da, und alles war auch für den Genuß recht gestimmt. Unter Freuden schlief man ein, unter Freuden wachte man auf. Es sind nicht gerade die schönen Mädchen allein, die die Freuden dieses Aufenthaltes so sehr erhöhten. Alles kam zusammen ... und was über alles ging, der Herzog war da. Er, immer froh, immer gleicher Laune, voll Einsichten und Witz, immer herablassend gegen seine Hofleute.

Der Herzog dirigierte alles selbst, alles wurde mit dem feinsten Geschmacke von ihm angeordnet, alles mit solcher Kenntnis veranstaltet, daß doch nach einem zehnjährigen Genusse dieser Art größere Schulden nicht da waren, als ungefähr dreijährige Einnahmen des Herzogs betrugen. Diesen Schaden hatte der Herzog nachher bald wieder erstattet ...«

Diese letzte Betrachtungsweise ist natürlich sehr beschönigt. Aus der Sicht eines an allen Divertissements des Herzogs Teilhabenden mag dies verständlich sein, die Landschaft dagegen sah das völlig anders. Im Jahr 1764 spitzte sich der Streit mit den Landständen so stark zu, daß sie schließlich bei Kaiser Joseph II. Klage gegen den Herzog einreichten. Obwohl sich der Kaiser auf die Seite der Landstände stellte, wurde erst mit dem sogenannten Erbvergleich von 1770 ein Interessenausgleich hergestellt – so lange zogen sich die Streitigkeiten hin.

Anstatt einzulenken verlegte der Herzog im Oktober 1764 kurzerhand seine Residenz nach Ludwigsburg und ignorierte die Landstände

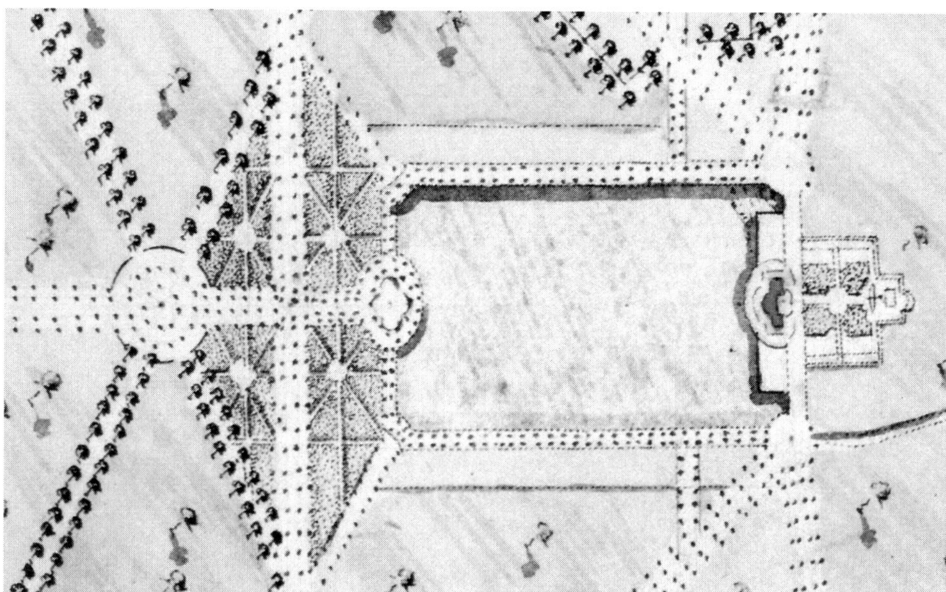

Schloß Monrepos (erbaut 1760–65)

Schloß Einsiedel bei Tübingen
(erbaut 1765–70)
1804 als Festinbau nach Monrepos
versetzt, 1818 abgebrochen

Das große Opernhaus (im Vordergrund rechts) beim Ludwigsburger Schloß (errichtet 1764)

und die Stadt Stuttgart. Bis zur Rückverlegung der Residenz im Herbst 1775 verbrachte Carl Eugen den Winter in Ludwigsburg und die Sommermonate auf Schloß Solitude oder anderen Landschlössern wie Kirchheim Teck, Tübingen, Grafeneck oder Bad Teinach, wo er seinen ausschweifenden Lebensstil ungestört pflegen konnte. Kaum war Carl Eugen nach Ludwigsburg gezogen, unternahm er die nächste Provokation. Noch Ende des Jahres 1764 ließ er bei der neuen Residenz ein Opernhaus bauen! Das Schloßtheater war für die aufwendigen Inszenierungen Jommellis zu klein und das Lusthaus in Stuttgart wurde ja für die nächsten zehn Jahre gemieden. In der unglaublich kurzen Bauzeit von kaum vier Monaten wurde unter Leitung der Theatermaschinisten Keim und Spindler eines der prunkvollsten Opernhäuser Europas erstellt!

Einmal von anderer Seite als von den Landständen mußte sich der Herzog im Jahre 1765 Kritik an seinem Regierungsstil gefallen lassen. Jean Henri Maubert de Gouvest brachte in Köln unter einem Decknamen eine Schmähschrift heraus: *›Die reine Wahrheit oder Denkwürdigkeiten des Hauses Württemberg den Prozess betreffend, worin der Herzog mit seinen Untertanen verwickelt ist‹*. Darin handelt er in zehn Kapiteln die gesamte Regierung Carl Eugens mißbilligend ab. Im Kapitel über die *Festine und Schauspiele des Herzogs* wird dessen Verschwendungs- und Prahlsucht verächtlich bloßgestellt. Grund dieser Kritik waren vor allem die üppigen Geburtstagsfeste der drei Vorjahre. Mehrere Künstlerpersönlichkeiten am württembergischen Hof werden scharf angegriffen, zum Beispiel Noverre: *»Als Noverre in Stutgard anlangte, bildeten es sich die Einwohner dieser Stadt nicht ein, daß ein so kleiner Mann den Herzog mehr Geld als eine Armee von zwölftausend Mann und als alle Dicasterien [Hofgericht] in der Canzlei kosten würde; ja, er mußte sich verbindlich machen, daß er innerhalb fünfzehn Jahre sein möglichstes thun wolle, Ihro Durchleucht in das Verderben zu bringen.«*

Der württembergische Konter folgte noch im selben Jahr: Joseph Uriot veröffentlichte *›Die Wahrheit so wie sie ist, der so betitelten Reinen Wahrheit entgegen gesetzet‹*. Uriot verteidigt den Herzog leidenschaftlich gegen den Vorwurf, dieser würde mit seinen prächtigen Geburtstagsfesten *»sich selbst die Musik und den Strauß bringen«* und stellt folgende Betrachtungen über die Kosten der Feste an, die zum Teil die Argumente aus der Festbeschreibung von 1764 mit Nachdruck wiederholen:

Die Wahrheit

so wie sie ist,

der so betitelten

Reinen Wahrheit

entgegen gesetzet,

durch

Eine Gesellschaft ehrlicher Männer,
welche von der Beschaffenheit des Würtembergischen Hofes und der Verfassung des Herzogthums eine vollkommene Kenntniß haben.

Aus dem Französischen in das Teutsche übersetzt.

Mali sunt Homines qui Bonis dicunt male.
Plautus in Bacchidibus.

Stuttgard,
bei Christoph Friederich Cotta, Hof- und Canzlei-Buchdrucker. 1765.

»Die Wahrheit« – Antwort auf eine Schmähschrift auf Herzog Carl Eugen

»Es ist außer Zweifel, daß die Feierlichkeiten und Schauspiele große Ausgaben erfordern. Da aber diese Ausgaben aus denen Cassen des Landesherrn bestritten werden, und den Umlauf des Geldes befördern, so können sie öfters dem Land mehr Nuzen als Schaden verschaffen. Es geschiehet zwar manchmal, daß man um diesen Festen und Schauspielen mehr Glanz und Größe zu geben, öfters solche Summen anwenden muß, die eben nicht allemal die Einnahme und Ausgabe in einer klugen Gleichheit erhalten, und folglich schuld sind, daß auf der Stelle das Unentbehrliche denen Erfordernissen, die zum Vergnügen allein gehören, nachgesezet wird. Diesem seye aber, wie ihm wolle, so ist gewiß, daß die sechs oder sieben Jahre hindurch, seit welchen Ihro Herzoglichen Durchleucht an denen Feierlichkeiten und Schauspielen einen Gefallen gefunden, mehr Geld als iemals in Dero Residenzen und anderen Gegenden des Landes, wo die Einwohner zu diesen Feierlichkeiten gebrauchet werden, anzutreffen gewesen. Die Menge Künstler und anderer geschickter Leute, die der Durchleuchtigste Herzog an Seinen Hof gezogen, haben der Handlung ein neues Leben gegeben und den Nuzen, welchen die Einwohner ehedem aus ihren Häusern, aus ihrer Arbeit und ihren Gütern gezogen, wenigstens um die Helfte vermehret. Wir können noch mit mehreren Gründen das nehmliche von allen Arten der Handwerksleute behaupten, welche bei diesen Lustbarkeiten gebrauchet werden. Die Fremde, so man dazu braucht, haben größten theils, wenn ihr Geschäft vollbracht, nicht mehr erworben, als ihnen zu ihrer Heimreise nöthig ist, und ohne diese Feste würden die meiste Einheimische den dritten Theil des Jahrs ohne Arbeit bleiben. Aus diesem allem lässet sich der Schluß machen, daß der Aufwand, den der Fürst um dieser Lustbarkeiten willen macht, einen großen Theil der Unterthanen bereichert, und folglich die Klagen, welche man ohne Unterlaß über diese Ausgaben führet, bei weitem nicht so gegründet sind.

Es mag sein, daß, so wie es öfters zu gehen pfleget, der Sache ein wenig zu viel geschehen, und einige Mißbräuche mit unter geloffen; wenn man aber genauer nachforschen wird, so werden sich die Fehler bemerken und Mittel und Wege ausfündig machen lassen, dieses alles vermittelst einer edeln und klugen Einrichtung, zum allgemeinen Nuzen des Staats zu kehren.«

Im letzten Satz gesteht Uriot zwar diplomatisch ein, daß man es bei den letztjährigen Vergnügungen vielleicht etwas zu weit getrieben hatte. Im Jahr 1765 wird der Aufwand beim Geburtstagsfest des Herzogs auch zurückgeschraubt und zum Wohl des Landes eine öffentliche Bibliothek gestiftet, aber dies bedeutete freilich keine

Umkehr – Carl Eugen setzte sein genußreiches und kostspieliges Leben uneingeschränkt fort.

Ende des Jahres 1766 ist das Solitudetheater fertiggestellt. Mit seiner Einweihung wird als letzte Theatergattung die »Opera Buffa« eingeführt. Diese nicht ganz so aufwendigen, ›leichten‹ Opern ließ der Herzog auf seinen Landsitzen Solitude, Kirchheim Teck, Grafeneck, Tübingen und Teinach aufführen. Je nach Laune hatten ihn die Darsteller samt Dekorationen auf's Land zu begleiten. Auch hier, wo er hauptsächlich anderen Leidenschaften – der Pferdezucht und der Jagd – nachging, wollte er auf Schauspiele nicht verzichten. Auf der Solitude liebte es der Herzog besonders, in Begleitung von einigen Damen in der sogenannten ›Wurst‹, einem länglichen Wagen, durch die beinahe märchenhaften Gartenanlagen zu kutschieren. Auch ein Gartentheater für Schauspiele und Konzerte unter freiem Himmel stand hier zur Verfügung. Dieses unbeschwerte Landleben schildert Freiherr von Buwinghausen in seinem amüsant zu lesenden *Tagebuch über die Land-Reisen Carl Eugens in der Zeit von 1767 bis 1773*.

Carl Eugen verdrängte beharrlich die innenpolitischen Schwierigkeiten und trat im Dezember des Jahres 1766 in Begleitung von 125 Personen inklusive seiner Hofmusik eine sechsmonatige Reise nach Venedig an. Mit Begeisterung stürzte er sich in den Karnevalstaumel der Stadt und gab das Geld mit vollen Händen aus. Von Venedig aus nahm Carl Eugen jedoch schließlich mehrere Entlassungen beim Hoftheater vor, die aus Kostengründen unausweichlich geworden waren: Im Februar 1767 trifft es als Erste die französischen Komödianten und einige Mitglieder des Balletts, darunter auch Noverre.

Mit der Entlassung des erstklassigen Ballettpersonals kündigte sich die Auflösung des international berühmten württembergischen Hoftheaters an. Nach und nach folgten Kündigungen der besten (und teuersten) Kräfte. Andere gingen von selbst, wie im Jahr 1768 Theaterarchitekt Colomba und Oberbaudirektor La Guêpière, im Jahr 1769 Operndirektor Jommelli. Das festliche Leben ging auch ohne diese Künstler weiter, jedoch nicht mehr auf internationalem Niveau.

Die Wende ab 1770

Im Februar des Jahres 1770 kam es endlich zu einer, wenn auch ziemlich erzwungenen, Einigung des Herzogs mit den Landständen, dem sogenannten »Erbvergleich«. Die Ausschweifungen des Herzogs reduzierten sich und seine Theaterleidenschaft nahm gemäßigtere Züge an. Andere Projekte zogen seine Aufmerksamkeit auf sich. Noch im selben Jahr befaßte er sich mit Eifer mit der Gründung einer »Militärischen Pflanzschule« auf der Solitude. Aus dieser ging die vorbildliche und vielgerühmte Universität »Hohe Carlsschule« hervor. Ihr berühmtester Schüler war Friedrich Schiller (1759–1805). Dieser Schule und den vielen neuen Gebäuden auf der Solitude widmete sich Carl Eugen so intensiv, daß er darüber die gesellschaftlichen Vergnügungen mehr und mehr vernachlässigte – zum Bedauern Buwinghausens, denn erstmals nach ihrer Entstehung machte die Solitude nun ihrem Namen Ehre: *»Den 5. Juni. 1771. Solitüde. Da Niemand, als der Herzog, Mselle Bonafini [seine langjährige Mätresse], General Stain und ich, hier sind, so leben wir ziemlich einsam. Da aber der Herzog Sich mit denen jungen Leuten aus der hiesigen Militair-Pflantzschule sehr abgeben, so versäumen Dieselbe, weder Mittags noch Nachts, niemahlen, zu Ihnen zu gehen und sie essen zu sehen. Wir begleiten den Herzog allemahl; ausser diesem sehen wir den Herzog, ausser bey der Nachttafel, wenig, denn Sie reiten oder fahren den gantzen Tag herum, und wir amusiren uns, so gut wir können, mit spatzierenreiten oder –gehen; doch trifft man uns mehrenteils auf unsern Zimmern an, woselbsten wir entweder etwas lesen oder discouriren.«*

Hier wird ganz deutlich, daß die Interessen des Herzogs sich allmählich verlagerten. Im Jahr 1774 wurde den letzten teuren ausländischen Bühnenkünstlern gekündigt. Etliche Posten wurden ganz gestrichen, die übrigen mit einheimischen Künstlern besetzt, allerdings zu viel niedrigeren Gagen. Der Herzog setzte nun darauf, Kräfte im eigenen Land, vornehmlich in seiner Hohen Carlsschule und der gleichzeitig für Mädchen gegründeten »Ecôle de Demoiselles«, heranzubilden. 1773 fand die erste Theateraufführung der Carlsschulzöglinge im Theater auf der Solitude statt. Gegen Ende der 1770er Jahre kamen erstmals deutsche Schauspiele und Opern zur Aufführung. 1779 wurde in Stuttgart das erste öffentlich zugängliche Theater, das ›Kleine Theater an der Planie‹ eröffnet, für dessen Aufführungen zukünftig auch Eintrittsgelder kassiert wurden. Das

Theater wurde zur bürgerlichen Bildungs- und Unterhaltungsinstitution mit moralischem Anspruch.

Die europäische Epoche des Stuttgarter Hoftheaters war damit zu Ende. Dennoch wurde, insbesondere unter der Direktion des Dichters Christian Friedrich Daniel Schubart (1739–1791) von 1787 bis 1791, weiter gute Bühnenarbeit geleistet.

Ein positiver Einfluß auf Carl Eugen wird Franziska von Hohenheim zugeschrieben, mit der er seit 1771 eine Lebensgemeinschaft führte und die er nach dem Tod seiner ersten Frau Friederike Sophie im Jahr 1785 heiratete. Für sie baute er das Schloß Hohenheim samt umfangreichen Gartenanlagen, das letzte große Bauprojekt, dem sich Carl Eugen mit Eifer widmete.

Gefeiert wurde ab Mitte der 70er Jahre in erster Linie der Jahrestag der Gründung der Hohen Carlsschule mit öffentlicher Preisverleihung im prächtigen Lorbeersaal auf der Solitude. Auch bei allen sonstigen Feierlichkeiten wurden die Studenten und Professoren der Carlsschule miteinbezogen. Viele Beispiele für diese enge Beziehung der Akademiker zu Carl Eugen und Franziska finden sich im Tagebuch der späteren Herzogin, das die Jahre 1780 bis 1795 umfaßt. Carl Eugens Geburtstag des Jahres 1782 beschreibt sie (in breitem Schwäbisch):
»Ihro Durchleicht wachten Gottlob an Ihrem glicklich erlebden Gebutztag gesond auf, um 6 Uhr stond man auf und um 9 Uhr gengen der Herzog in Ihre Kirch, von da geng es im grossen Ceremoniell in die Stadtkirch, alwo die Unifersidet eine Weiungsbredig gehalten wurde, nach dissem geng es in grossem Gebreng in das Schloß. Nach der Dafel geng es im Grossen Ceremoniel in die Academie, alle Abgeordnede gengen nach Ihrem Rang, zuerst die Academie und dan die Abgeordnede. Ihro Durchleicht fuhren mit grossem Gebreng in die Academie, daselbst geng es gleich in den hör Saall, alwo Ihro Durchleicht eine ser schene rede hilden und mit besonderm Anstand die Madriggels der academie ausdeilden. [Acht (!) verschiedene Professoren und Persönlichkeiten] hilden nachgehens reden, und geng von da in den Speissall von der Academie, alwo auch Ihro Durchleicht mit dem Hof und allen fremden Debudierten speisten und somit geng diesser glicklich Tag im Seegen verbey, Gott seegne die Arbeid, die Anstalden und das gantze kostbare Leben des besten Herzogs immer dar.«

Auch hoher Besuch, wie der des russischen Thronfolgerpaares im Jahr 1782, beflügelte noch einige Male den Ehrgeiz des Herzogs, seine Gäste mit imposanten Spektakeln und charmanten Einfällen zu erfreuen. Der Glanz früherer Tage war jedoch erloschen.

Theaterszenen, gezeichnet vom Carlsschüler Victor Heideloff, aus dem Württembergischen Hofcalender 1782

Die wichtigsten Theater und Opernhäuser Carl Eugens

Komödie im Neuen Bau (Stuttgart)
[1599–1619 von Heinrich Schickardt erbaut]
1757 Einbau einer kleinen Bühne für französische Komödie durch Ph. de La Guêpière
1757 abgebrannt, nach nur einer einzigen Theatervorstellung

Neues Lusthaus (Stuttgart)
[1580–1593 von Georg Beer erbaut, galt als eines der schönsten deutschen Renaissancebauwerke]
1750 Umbau zur Hofoper durch Leopoldo Retti
1758 Umbau durch Ph. de La Guêpière
1902 abgebrannt, Ruinenreste in den Schloßanlagen

Kleines Theater an der Planie (Stuttgart)
1779 von Chr. Keim und R.F.H. Fischer aus Material des Bad Teinacher Theaters erbaut
Erstes öffentliches Theater Stuttgarts
1802 abgebrannt

Theater im Festinbau (Schloß Ludwigsburg)
[Außenbau ab 1725 von D.G. Frisoni,
Theater unter Herzog Eberhard Ludwig]
1748 Herrichtung des Theaters für Hochzeitsfeierlichkeiten Carl Eugens
bis 1758 als Theater genützt
Außenbau erhalten

Schloßtheater (Ludwigsburg)
[Außenbau 1726–30 von D.G. Frisoni]
war seit dem Bau für ein Theater vorgesehen
erst 1758 Einbau eines Theaters unter Ph. de La Guêpière
ca. 500 Zuschauerplätze
im wesentlichen erhalten mit der Dekoration und den Umbauten von N. F. Thouret von 1812

Großes Opernhaus (beim Schloß Ludwigsburg)
Okt. 1764–Feb. 1765 unter Keim, Spindler und Colomba
als größtes Opernhaus Europas in Holz errichtet
ca. 3 000 Zuschauerplätze
1801 abgebrochen

Gartentheater (Ludwigsburg)
nichts erhalten

Theater im Officienbau (bei Schloß Solitude)
1765–66 von Werkmeister J.L. Etzel und Spindler erbaut,
Dekorationen von Colomba
diente 1771–75 als Probebühne für Zöglinge der Militärakademie
Zuletzt 1782 bespielt, bereits 1794 erstmals als Lazarett umgebaut,
Außenbau erhalten

Gartentheater (Solitude)
nichts erhalten

Theater in Bad Teinach
1770 von R.F.H. Fischer und Keim erbaut
1779 von denselben nach Stuttgart versetzt
(= Kleines Theater an der Planie; s.o.)

Theater bei Schloß Kirchheim/Teck
1771 errichtet
abgetragen

Theater bei Schloß Hohentübingen
1767 errichtet
1803 abgetragen

Komödienhaus und Oper im Husarenstall bei Schloß Grafeneck
1760–65 errichtet
1809 wird das Komödienhaus zum Schloß Monrepos versetzt
1818 abgebrochen
Oper im Husarenstall Anfang 19. Jahrhundert abgebrochen

Schloßtheater Ludwigsburg (Hauptloge),
Szenenfoto der Theaterakademie Stuttgart,
Inszenierung Dieter Dorn, 1989

Die Geburtstagsfeste Carl Eugens

Anlässe für Feste gab es am württembergischen Hof stets, sei es Namenstag, Neujahr, Karneval, hoher Besuch oder auch nur eine Laune des Herzogs. Aus dieser Fülle von Anlässen ragte jedoch einer himmelhoch heraus: der Geburtstag des Herzogs am 11. Februar 1728 – »*der Tag, an dem S.A.S. die Anzahl der Hohen in der Welt vermehret haben*«. So lautete der Eintrag im jährlich erscheinenden *Württembergisch Herzoglichen Adreß-Handbuch*, das den Adel, den Hofstaat und sämtliche Amts- und Würdenträger des Landes namentlich aufführte. Auch im ebenfalls jährlich aufgelegten Württembergischen Hofcalender wurde in mehreren Ausgaben diesem Ereignis gehuldigt. Carl Eugens Geburtstag fiel zu seiner großen Freude in die Karnevalszeit. Beide Gelegenheiten wurden verbunden, so daß die Feierlichkeiten einander nahtlos ablösten. Für die Geburtstagsfeste entwickelte sich im Laufe der Jahre ein Ritus, ihr Umfang und ihre Großartigkeit steigerten sich jährlich. Die tage- oder wochenlangen Feste fanden im Neuen Schloß und im Lusthaus in Stuttgart statt, zur Abwechslung ging es zwischendurch einen Abend zum ›Festin‹ nach Ludwigsburg.

Der Gipfel war mit den Festfolgen der Jahre 1762, 1763 und 1764 erreicht. Sie wurden für würdig erachtet, in ausführlichen gedruckten Festberichten festgehalten zu werden. Für den Bericht von 1762 ist die Autorenschaft nicht gesichert, die Berichte von 1763 und 1764 stammen von Hofbibliothekar Joseph Uriot. Diesen originellen Berichten ist es zu verdanken, daß heute noch eine Vorstellung von den berühmt-berüchtigten Festen Carl Eugens möglich ist.

Joseph Uriot, 1713 in Nancy geboren, war seit 1737 Professor für Geschichte und Geographie in Lunéville. 1741 ging er für längere Zeit auf Reisen und kam 1750 an den Bayreuther Hof, an dem

2.

Willkommen,

eilfter Februar!

Der unſern Vater

CARL gebahr.

Würdigung von Herzog Carl Eugens Geburtstag im Württembergischen Hofcalender 1783

er bis 1758 wirkte. Er schrieb dort die offiziellen Beschreibungen der Festlichkeiten am Hof, war Schauspieler, Schauspieldirektor und verfaßte auch eigene Singspiele, Theaterstücke, Romane und wissenschaftliche Abhandlungen (vgl. Uhland, 1953). 1759 verpflichtete Carl Eugen den hervorragenden Darsteller und seine Frau an den württembergischen Hof. Uriot hatte bald das volle Vertrauen des Herzogs gewonnen und wurde von ihm 1761 zu seinem Privatbibliothekar ernannt. In seinen Aufgabenbereich fiel es unter anderem Festreden und -berichte zu schreiben. Seit 1774 hatte er eine Professur für Französisch und Eloquenz an der Hohen Carlsschule inne. Uriot war ein geistreicher und allgemein geachteter Mann. Der Herzog schätzte ihn wohl auch besonders als Vertreter der von ihm hochgehaltenen französischen Kultur. Da sich Carl Eugen gern europäisch gab, förderte er die Hofsprache Französisch nach Kräften. So unternahm man beispielsweise im Jahr 1760 den Versuch, eine französische Zeitung namens »Mercure Politique« in Württemberg zu etablieren, *»weilen die französische Sprache fast allgemein bey uns werden will.«* Daher sind auch die Festberichte Uriots in Französisch verfaßt, nur von der 1763er Beschreibung liegt eine deutsche Übersetzung vor.

Die Bücher waren bibliophil gestaltet, zwar ohne Abbildungen, jedoch mit Rocailleornamenten verziert. Die einfachere Version war in marmoriertes Papier gebunden, kostbare Exemplare hatten einen farbigen und mit Vergoldungen geschmückten Ledereinband.
Die blumige und schnörkelhafte Sprache Uriots lassen etwas vom typisch höfischen Zeitgeist des Rokoko ahnen. Die Festberichte vermitteln einen lebhaften Eindruck davon, in welch realitätsferne und künstliche Welt der Herzog sich selbst und seine Gäste entführte. Eine Welt vollkommener Harmonie, Schönheit, Anmut und Liebe nahm die Hofgesellschaft auf und ließ sie für Stunden die Wirklichkeit vergessen.

Trotz ihres schwelgerischen Tons können Uriots Berichte im Kern als ziemlich zuverlässig gelten. Überprüfbare Angaben stellten sich stets als korrekt heraus.

Beſchreibung
der

Feyerlichkeiten

bey

Gelegenheit des Geburtsfeſtes
Sr. regierenden Herzoglichen Durchlaucht
zu Würtenberg und Teck, ꝛc.

Die Feyerlichkeiten, welche Se. regierende Herzogliche Durchlaucht zu Würtenberg zu veranſtalten pflegen, ſind ſo prächtig, daß ſie dem Kühnſten die Hoffnung benehmen, ſie gut zu beſchreiben. Diejenige ſo wir vor einem Jahre bewunderten, machten jedermann glauben, daß es nicht wahrſcheinlich wäre, wie die disjährige ihnen gleich werden könnten, ohne die nehmliche zu ſeyn; niemand aber konnte ſich nur träumen

laſ-

Beschreibung der Geburtstags-feierlichkeiten von 1763

DESCRIPTION

DES FETES

DONNEES A L'OCCASION

DU JOUR DE NAISSANCE

DE

S. A. S. MONSEIGNEUR LE DUC
REGNANT DE WURTEMBERG
ET TECK &c.

Malgré les pluyes continuelles qui àvoient rendu les chemins preſque impraticables, le débordement des Rivières qui avoient, pour ainſi dire, fermé tous les paſſages, & la circonſtance de l'Aſſemblée convoquée à Francfort pour l'élection & le couronnement d'un Roi des Romains, le nombre des

Etran-

Beschreibung der Geburtstags-feierlichkeiten von 1764

Die Festfolgen der Jahre 1762 bis 1764 nach Berichten Uriots

	1762	1763	1764
6. Januar	Karnevalbeginn	Karnevalbeginn	Karnevalbeginn
11. Februar	Hofzeremoniell Opern- und Ballettpremiere	Hofzeremoniell Opern- und Ballettpremiere	Hofzeremoniell Opern- und Ballettpremiere
12. Februar	Redoute	Redoute	Redoute
13. Februar	Oper und Ballett	Ballettpremiere Franz. Schauspiel Messe	Ballett Franz. Schauspiel
14. Februar	Franz. Schauspiel Feuerwerk	Oper und Ballett	Oper und Ballett
15. Februar	Redoute	Redoute	Redoute Militärparade
16. Februar	**Festin in Ludwigsburg**	Tafel bei den Ministern	Jagd in Degerloch Konzert
17. Februar		**Festin in Ludwigsburg**	**Festin in Ludwigsburg**
18. Februar	Jagd in Degerloch	Franz. Tragödie Ballett	Redoute
19. Februar	–	Jagd in Degerloch Konzert	Oper und Ballett
20. Februar	–	Oper und Ballett	Franz. Komödie Ballett

	1762	1763	1764
21. Februar	–	Redoute	Karussell
22. Februar	–	Konzert	Oper und Ballett
23. Februar	–	Schäferspiel Ballett	Redoute
24. Februar	–	Oper Karussell	Oper und Ballett
25. Februar	–	–	Franz. Schauspiel Ballett
26. Februar	–	–	Konzert

Die Festelemente

Redoute – Tanz und Spiele

Redouten waren große Maskenbälle, die hauptsächlich während des Karnevals stattfanden. Sie gehörten zu den ersten festlichen Veranstaltungen, die Carl Eugen bald nach seinem Regierungsantritt ab 1746 einführte. Die äußerst beliebten Bälle wurden meistens im renovierten Neuen Lusthaus in Stuttgart abgehalten. In dessen großen Festsaal (70 x 20 m) konnten mehr als 2 000 Personen eingelassen werden. Mehrere Kapellen sorgten für die Tanzmusik. Speisen und Getränke in allen Preislagen wurden angeboten. Das Holz für die vielen Öfen und Tausende von Wachslichtern für eine märchenhafte Beleuchtung bezahlte der Hof.

Alle Einwohner der Stadt waren zu den Redouten eingeladen. Die Veranstaltungen wurden in den in Stuttgart erscheinenden Zeitungen *Wöchentliche Anzeigen sowohl hier als auf dem Land* und *Das Merkwürdigste von politischen Neuigkeiten* bekanntgemacht. Es war ein alter Brauch, das Volk an den Hoffestlichkeiten teilhaben zu lassen, was auch Uriot betont:

Kartenspielender Kavalier,
Zeichnung von G.F. Riedel, 1760

»Die Sorgfalt Sr. Herzogl. Durchlaucht bey allen Ergözlichkeiten, die Sie verschaffen, erstreket sich auf alle Stände, und Ihre Zufriedenheit würde mangelhaft seyn, wenn einer Ihrer Unterthanen davon ausgeschlossen wäre.« *

Bei den Redouten wurden verschiedene »Commerzspiele« abgehalten. Dazu gehörten Würfeltische, Pharaobanken (Kartenspiel) und eine Lotterie, bei der unter anderem Silbergeschirr, Stoffe und Galanteriewaren zu gewinnen waren. Die gelöste Stimmung bei den Redouten schildert Uriot: *»Der Saal war von beinahe viertausend Wachskerzen erleuchtet, die Anzahl der Maskierten so groß, und die Verkleidungen so zierlich und kostbar, daß man sich keine glänzendere Versammlung vorstellen kann. Das Ceremoniel that hier der Freyheit keinen Zwang, und das Vergnügen war aller Orten von dem Wohlstande begleitet. Der Fürst machte und unterhielt durch Seine Gegenwart diese bewunderungswürdige Übereinstimmung, und Seine Achtung zeigete sich gegen alle Masken ohne Unterschied, aus Furcht, daß sonst diese Ergözlichkeit nicht unter allen Anwesenden gleich seyn möchte.«*

Oper

Ab 1751 konnten bei Hoffesten große Opernaufführungen gegeben werden. Diese waren möglich geworden, nachdem entsprechende Künstler engagiert worden waren und das umgebaute Neue Lusthaus als Opernbühne zur Verfügung stand. Auch die Redouten fanden weiterhin im Lusthaus statt, da Parterre und Bühne durch einen einfachen Mechanismus auf dieselbe Höhe gebracht werden konnten. Nun wechselten sich in der Karnevalszeit Redouten und Opernvorstellungen ab. Die Premieren der Opern waren dem herzoglichen Geburtstag und Namenstag (4. November) vorbehalten. Zu jeder neuen Oper erschienen Bücher, in denen Text, Handlung und Ausführende abgedruckt waren. Die meist italienischen Texte wurden stets mit deutscher oder französischer Übersetzung angegeben.

Unter Kapellmeister Niccolo Jommelli entwickelte sich die italienische Oper am württembergischen Hof zur höchsten Vollkommenheit und zu Carl Eugens Leidenschaft. Jommellis Opern forderten eine Prachtentfaltung die der ausgesprochenen Prachtliebe des Herzogs entgegenkam. Die Operndekorationen waren eine große Herausforderung für die Bühnenbildner. Der Aufwand war enorm, *»für die Deko-*

---

* Dieses Zitat und alle folgenden Zitate stammen, soweit nicht anders angegeben, aus den Festbeschreibungen Uriots 1762, 1763 und 1764.

*Niccolo Jommelli (1714–1774)
württembergischer Hofkapellmeister
von 1753–1769*

Demophoon.

Ein Singspiel,

welches bey feyerlicher Begehung des höchstbeglückten

Geburts-Tags,

Des Durchlauchtigsten Herzogs und Herrn,

HERRN

CARLN,

Regierenden Herzogs zu Würtemberg und Teck ꝛc. ꝛc.

auf dem

neu erbauten Herzogl. Schauplatz in Ludwigsburg,

aufgeführet worden.

Die Poesie ist von Herrn Abt Peter Metastasins, Kaiserlichen Poeten.

Die Musik hat Herr Nicolaus Jommelli, Herzoglich-Würtembergischer würklicher Musik-Director und Ober-Capellmeister verfertiget.

Die Tänze sind von Herrn Johann Georg Noverre, Seiner Herzoglichen Durchlaucht Director und Balletmeister.

Die Veränderungen des Schaugerüsts von dem Herrn Innocentius Colomba, Herzogl. Theatral. Architect. und

Die Kleidung der dabey zum Vorschein kommenden Personen, von Herrn Boquet, Herzogl. Designatorn, erfunden.

Stuttgard,

Gedruckt bey dem Herzogl. Hof- und Canzley-Buchdrucker Cotta, 1765.

Textbuch zur Oper »Demofoonte« von Niccolo Jommelli

rationswechsel, die Kostüme und die Maschinen wurde an nichts gespart.« Die perfekt inszenierten Spektakel waren ein gesellschaftliches Ereignis von erstem Rang und müssen bei allen Beteiligten ein erhebendes Gefühl erweckt haben: *»Unter dem Schalle der Trompeten und Pauken langte der Hof an, und nachdem derselbe Plaz genommen, so eröffnete sich die Oper mit einer Symphonie, welche eine Heroldin der Wunder war, die der berühmte Herr Jommelli in der verlassenen Dido [›La Didone abbandonata‹*] zu hören geben würde. Es ist schwer, sich eine Vorstellung von dem Anblike der versammelten Zuschauer zu machen. Geschmak und Pomp waren einander aller Orten zur Seiten, und die Pracht und Geschiklichkeit schienen sich durch bis ins Unendliche getriebenen Veränderungen [Bühnenbilder] erschöpft zu haben, um das Schauspiel zum glänzendsten zu machen.«*

Ballett

Ab dem Jahr 1757 wurden Carl Eugens Feste durch sein eigenes Ballettensemble bereichert. Das Ballett war eng mit der Oper verknüpft. Es trat vor und nach der Oper und zwischen den Akten auf. Weltniveau erreichte das Ballett mit einer Vielzahl an herausragenden Tänzerpersönlichkeiten unter dem progressiven Choreographen Jean-Georges Noverre. Ebenso wie Jommelli präsentierte Noverre jedes Jahr am herzoglichen Geburtstag neue Schöpfungen. Die Handlungen seiner Ballette werden in den Opernbüchern und Festberichten besonders detailliert geschildert, was ihren – neuartigen – Charakter als »getanzte Einzeldramen« hervorhebt. Der Chronist Uriot glaubte beim Ansehen des Balletts ›Armide‹ *»in dem Tasso zu lesen, und alle Schönheiten dieses Dichters sind mit einem solchen Nachdrucke geschildert, daß man bekennen muß, bisher der Tanzkunst eine solche Kraft niemahls zugetrauet zu haben.«*

Besonders fruchtbar war die Zusammenarbeit zwischen Noverre und dem Kostümgestalter Louis Boquet von der Pariser Oper, der jährlich für einige Monate nach Stuttgart kam. Boquet brachte das Ballettkostüm des Rokoko zur Vollendung. Noverres elfbändige Schrift ›Théorie et pratique de la danse‹ (um 1765) enthält 445 Kostümentwürfe von ihm. (vgl. Baur-Heinhold, 1966/Hadamowsky, 1955/Chéruzel, 1992)

---

* Von der Oper »La Didone Abbandonata« Jommellis gibt es eine CD-Einspielung unter der Leitung von Frieder Bernius – die bisher einzige CD-Aufnahme einer Jommellischen Oper.

Kostümentwurf von Louis Boquet zu einer Choreographie von Jean-Georges Noverre für den Tänzer Gaetan Vestris

Französisches Schauspiel

Eine ausgezeichnete Truppe französischer Komödianten stand ab dem Jahr 1758 zur Verfügung. Trotz exzellenter Darsteller wurde das Schauspiel von Oper und Ballett immer in den Hintergrund gedrängt. Die Aufführungen waren stets von Balletten begleitet – dadurch scheinen sich die Schauspieler berechtigterweise in ihrer Wirkung beeinträchtigt gefühlt zu haben: Schauspieldirektor Fierville bat den Herzog, *»daß man die Ballets aus denen Zwischenaufzügen hinweg lassen möchte, weil er sahe, daß dadurch die Aufmerksamkeit, die der Zuschauer auf die Entwicklung des Stücks haben wollte, unterbrochen werde.«* (Uriot, 1765)

Auf dem Spielplan standen, nach dem Wunsch des Herzogs, hauptsächlich heitere Stücke und leichte Schäferspiele, während die Schauspieler wohl auch gerne ernste Stücke gespielt hätten. Dies klingt im Festbericht von 1763 an, in dem die Aufführung von Voltaires Tragödie ›Zaire‹ besprochen wird: *»... die Schauspieler, welche seit mehr dann vier Jahren nichts Tragisches gespielet hatten [!], bewiesen, daß ihr Talent den Ruhm des Theaters noch vergrössern könnte, wenn der Herzog auch künftig diese Gattung aufgeführet zu sehen wünschte.«* Wenn doch einmal eine Tragödie gespielt wurde, gab es im Anschluß meist ein ›petit pièce‹, ein kurzes heiteres Stück.

Etwas verwunderlich ist es, daß selbst Uriot sich für sein Ensemble nicht leidenschaftlicher einsetzte, denn während er in seinen Festberichten zu Oper und Ballett ausführlichste Beschreibungen von Handlung, Darstellern und Dekorationen gibt (zusätzlich zu den Textbüchern!), ist er beim Schauspiel sehr kurz angebunden. Von seiner sonst sprühenden Begeisterung ist nichts zu merken in Kommentaren wie *»Die Komödianten spielten die Tragödie ›Cinna‹ des großen Corneille und die Zuschauer schienen zufrieden.«*

Hofzeremonien und Truppenparade

Verschiedene Hofzeremonien fanden am Geburtstag des Herzogs statt. Dazu gehörten das Schlagen von Rittern des von ihm gestifteten Carls-Ordens und verschiedene militärische Promotionen. Auf dem Schloßhof hielten *»die schönste Trouppen in Ansehung ihrer Grösse und die glänzendste in Ansehung des Prachtes ihrer Kleidungen«* Parade ab.

Kolorierte Abbildungen aus dem Württembergischen Hofcalender

Um die Mittagszeit gab der Herzog vor dem in Gala erschienenen Hofstaat den ausländischen Fürsten und Ministern Audienz und nahm deren Komplimente entgegen. Seinen Künstlern schenkte der Herzog besondere Aufmerksamkeit. Nach dem festlichen Essen begaben *›Sie‹* (Carl Eugen) sich persönlich zu ihnen, *»sprachen mit einem jeden mit derjenigen Gnade und Leuthseligkeit, die Ihnen so natürlich sind, und liessen diese ganze Menge Personen von Talenten zum Handkusse gelangen, welche dem Hofe Seiner Durchlaucht den gerechten Ruhm erwerben, daß man daselbst in jeder Gattung von Ergözlichkeiten die Vollkommenheiten vereint antreffe, welche man an den Höfen der meisten andern Souverains nur einzeln bewundert.«*

Währenddessen wurden für das Volk zwei Ochsen in einem eigens erbauten Pavillon gebraten, in dem auch *»zwey Springbronnen von Wein ohne Aufhören flossen«*, außerdem wurde eine beträchtliche Summe Geld ausgeworfen.

Lustjagen

Carl Eugen war, wie die meisten Fürsten seiner Zeit, passionierter Jäger. Ein beredtes Zeugnis davon gibt auch hier wieder das schon mehrfach erwähnte Tagebuch des Freiherrn von Buwinghausen. Dieser hielt jedes Jagdergebnis genau fest. Dank seinen Aufzeichnungen wissen wir noch heute, daß der Herzog beispielsweise am 15. Dezember 1769 *»1 Thier, 2 Reh, 1 Feldhun, 2 Eichhorn, 1 Katz, 1 Trostel, 3 Füchsse, 40 Hassen«* schoß. Die Jagd war eines der Hauptvergnügen bei Hof und wurde auch in die großen Geburtstagsfeste miteinbezogen. Für dieses ›Lustjagen‹ mußten die Forstämter mehrere tausend Stück Wild zusammentreiben. Während die Zuschauer auf eigens errichteten prächtigen Schaugerüsten frühstückten, wurde das Wild auf einen nur zu diesem Zweck ausgehobenen See zugetrieben und konnte von jagdfreudigen Gästen bequem abgeschossen werden. Im Jahr 1763 sahen angeblich 15 000 Menschen der Jagd zu. Auf dem Schaugerüst fand *»ohne Verwirrung der Stände jeder nach seinem Range und nach der Absicht Seiner Durchlaucht Plaz und Stelle.«* Einen Eindruck von einem Jagdfest liefert ein Stich vom Lustjagen bei den Hochzeitsfeierlichkeiten Carl Eugens.

Lustjagen im Leonberger Forst, Kupferstich aus der Hochzeitsbeschreibung von 1749

Karussell

Das Karussell war ein ritterlicher Wettbewerb. Solche Turniere hatten schon seit dem Mittelalter Tradition und waren in gewandelter Form noch im 18. Jahrhundert beliebt. Während die Spiele im Mittelalter recht brutal verliefen, waren sie im 18. Jahrhundert unblutige Schauspiele, bei denen es erster in Linie um Geschicklichkeit und Eleganz der teilnehmenden ›Ritter‹ ging. Bei dieser Gelegenheit konnten die Fürsten ihre schönsten Pferde und ihre Reitkünste vorführen.

Auch Carl Eugen war ein großer Pferdefreund und -kenner und ein vorzüglicher Reiter. In den Festbeschreibungen von 1763 und 1764 werden die aufwendig inszenierten Spiele ausführlich geschildert. Im Kasernenhof hinter dem Neuen Schloß rangen der Herzog und ausgesuchte Gäste um den Turniersieg. Es wurden vier Mannschaften (Quadrillen) gebildet. Am Ende der Rennbahnen waren die verschiedenen Ziele als gemalte Bilder aufgestellt: ein Ring (gehalten von der geflügelten Siegesgöttin Viktoria), ein Schild (von einem Kämpfer getragen), ein Mohr, ein Türke und eine Sirene. Unter dem Schall von Pauken und Trompeten ging man mit verschiedenen Waffen auf die Ziele los: der Ring mußte durchstochen werden, gegen das Schild mußte die Lanze gebrochen werden, dem Mohr wurde ein Wurfpfeil ins rechte Auge geworfen, dem Türken und der Sirene wurde mit dem Degen der Kopf abgehauen. Wer die Aufgaben am besten erfüllte, bekam nach dem Wettbewerb von einer auserwählten Dame einen wertvollen Preis überreicht. Brillantringe, goldene Uhren und ähnliches winkte den Gewinnern.

Im Jahr 1764 fand das Karussell bei Nacht statt. 20 000 Lampions erleuchteten den Rennplatz. Die vier Quadrillen repräsentierten die vier Kontinente (Australien war noch nicht entdeckt) in Kostümen, die Boquet eigens entworfen hatte.

Feuerwerke und Illuminationen

Feuerwerke waren charakteristischer Bestandteil höfischer Feste seit dem 16. Jahrhundert. Während die Feuerwerke bis Anfang des 18. Jahrhunderts sehr politische Hintergründe hatten (beispielsweise wurden Kämpfe sinnbildlich dargestellt), reduzierten sie sich später zunehmend auf ihre kulinarische Eigenschaft. Die Feuerwerke

Feuerwerk auf der Allee zum Schloß Favorite, Kupferstich aus der Hochzeitsbeschreibung von 1749

Carl Eugens dienten rein der Freude am funkelnden Licht. Sie wurden von berufenen Feuerwerkkünstlern komponiert und kosteten Unsummen von Geld. Beim Feuerwerk des Jahres 1763 waren 14 000 Raketen abgefeuert worden, im Jahr darauf waren es 20 600 Raketen und 136 000 Schwärmer. Tausende von Kerzen wurden bei der Beleuchtung der festlichen Nächte verbraucht. Das schmeichelnde Licht wurde von kostbaren Silber- oder Kristallüstern, Girandolen (mehrarmige Leuchter), Lampions, Lichterpyramiden und Fackeln ausgestrahlt. *»Nichts ließ die Herrlichkeit eines fürstlichen Hofes so in die Augen fallen als der verschwenderische Aufwand an Kerzen in einer Zeit, in der eine einzelne Wachskerze im Bürgerhaus schon einen Luxus bedeutete.«* (Fleischhauer, 1958). Für die Illuminationen des Festins in Ludwigsburg des Jahres 1764 wurden 200 000 Lampions und mehr als 4 000 Kerzen gebraucht.

Vom eher bescheidenen Feuerwerk der herzoglichen Hochzeit im Jahre 1749 gibt es einen Kupferstich. Es wurde auf der Allee vor dem illuminierten Schloß Favorite abgefeuert.

Konzert

Bei den Konzertaufführungen gehörte die Aufmerksamkeit ganz den virtuosen Instrumentalisten des herzoglichen Ensembles. Besonders konnten auch diejenigen Musiker sich hier Ehre verschaffen, *»die keine Gelegenheit gehabt haben, sich in der Oper besonders hören zu lassen.«* Uriot geizt nicht mit Lob und schwärmt in ›höchsten Tönen‹ von der *»Geschwindigkeit und Stärke«* im Spiel des Geigers Lolli, von den *»harmonischen und sanften Tönen«* des Waldhornisten Rudolph sowie von der *»Feinheit und Leichtigkeit«* im Spiel des Geigers Nardini. *»Kurz, die Cantaten, die Symphonien und Sonaten, welche in diesem Concerte aufeinander folgeten, wurden alle auf eine so vollkommene Weise ausgeführet, die nicht nur das Ohr bezauberte, sondern die Seele selbst außer sich sezte.«*

Tafel

Fürstliche Ess- und Trinkkultur war eine Selbstverständlichkeit am Hofe Carl Eugens. Dazu stand hervorragendes Personal in der Hofküche zu Diensten: 4 Küchenmeister, darunter der *Maitre d'hôtel* Msr. Massonneaux, 2 Küchenschreiber, 8 Mundköche, darunter 4 Franzosen, jeweils ein Bratenmeister, Backmeister, Koch, Ritterkoch,

Salzkoch, Hofmetzger, 15 Küchenknechte, Jungen, Poßler und Mägde. In der Conditorei: ein *»Hofcanditor mit einem Gesellen und noch 4 Leuten«*, ein Provisionneur. Im Weinkeller: ein Hofküfer, ein Hauskeller mit 2 Knechten und 2 Mundschenken. Außerdem ein Hofbäcker und ein Cafféesieder.

Das Speisen selbst wurde feierlichst inszeniert. Dazu gehörten eine ausgeklügelte Tischordnung ebenso wie kostbare Gedecke, Geschirre und phantastische Tischdekorationen aus Ludwigsburger Porzellan sowie dezente Tafelmusik. Beliebt war das Speisen *»in bunten Reihen«*, das heißt in ausgeloster Sitzordnung. Die Speisen und Getränke selbst waren vom Feinsten. An der Hochzeitstafel 1748 kamen die Gäste in den Genuß 68 (!) verschiedener Speisen.

Die ganz persönlichen Ess- und Trinkgewohnheiten des Herzogs schildert uns Buwinghausen. So ist der Herzog, was ein wenig überrascht, *»ein abgesagter Feind vom Trincken und verabscheuen es an jedermann«*. Buwinghausen beobachtete oft, daß der Herzog Gäste zwar zur Mittagstafel führte, sich dann aber zurückzog, *»indeme Sie kein Liebhaber von dem Mittagessen sind, sondern des Tags über einigemahl Caffée mit sehr viel Milch trincken und biss zum Nachtessen warten.«*

›Ludwigsburger Festin‹

Das imposante Schloß in Ludwigsburg nutzte Carl Eugen bereits vor Verlegung seiner Residenz im Oktober 1764 dorthin gerne als festliche Kulisse. Ein Abend der Festwochen anläßlich seines Geburtstages war für das Festin in Ludwigsburg bestimmt. Dieses Festin bildet in den von Uriot beschriebenen Festfolgen der Jahre 1762, 1763 und 1764 einen Höhepunkt. Seine Beschreibung nimmt innerhalb des gesamten Berichtes im Vergleich zu den anderen Programmpunkten jeweils den größten Umfang ein:

	1762	1763	1764
gesamte Festbeschreibung:	30 Seiten	182 Seiten	188 Seiten
Festin in Ludwigsburg:	9 Seiten	47 Seiten	61 Seiten

Welchen Ehrgeiz man gerade in das Ludwigsburger Festin legte, geht aus dem Schlußsatz seiner Beschreibung im Jahr 1763 hervor: *»Es war drey Uhr morgens. Man stieg also wieder in die Carossen, um nach Stuttgart zurück zu kehren, und jedermann war damit einstimmig, daß* *keines der berühmtesten Festine unter der Regierung Ludwigs des Grossen [Ludwig XIV.] dieses gegenwärtige Fest übertroffen hätte.«*

Der Dekorationsaufwand wurde für das Ludwigsburger Festin auf die Spitze getrieben. Die leichten Schäferspiele und Musikstücke, die aufgeführt wurden, scheinen beinahe nur Vorwand für die bombastischen Kulissen zu sein, denn die Dekorationen standen im Mittelpunkt des Interesses. Der große Unterschied zu den ebenfalls sehr aufwendig ausgestatteten Opernveranstaltungen war der, daß beim Ludwigsburger Festin außer den Darstellern auch alle Gäste sich in den dreidimensionalen Kulissen bewegen konnten und so noch unmittelbarer als in der Oper am beliebten Spiel von Schein und Wirklichkeit teilhaben konnten.

Ein Vergleich der Festberichte ergibt, daß, wie für das gesamte Fest, sich auch für das Festin in Ludwigsburg Jahr für Jahr wiederkehrende Bestandteile herausgebildet hatten. Sowohl bei den Darstellungen als auch bei den Dekorationen kehren viele Motive wieder. Der Umfang des Festins nahm jährlich zu. 1764 wurde das prachtvollste und gleichzeitig das letzte Festin dieser Art gefeiert.

Es sollen nun die drei Festine im einzelnen geschildert werden. Die Festine von 1762 und 1764 sind bisher nur wenig bekannt. Da sie nur in französischer Fassung vorliegen, wurde in bisherigen Veröffentlichungen meist die auch in deutscher Übersetzung erhaltene Beschreibung des Jahres 1763 herangezogen. Da einige Parallelitäten zwischen den Festinen bestehen, lag es nahe dieses Beispiel herauszugreifen. Im Zusammenhang mit den wiederentdeckten Plänen der Festarchitektur gewann nun aber das Festin 1764 an Bedeutung, das hier eingehend behandelt werden soll. Des Vergleichs wegen wird aber auch das Festin von 1762 beschrieben, während auf das Festin von 1763 nur kurz eingegangen wird.

Das Ludwigsburger Schloß

Schauplatz der Festine war die großzügige Anlage des unter Herzog Eberhard Ludwig (1676–1733) in Ludwigsburg entstandenen Residenzschlosses. Herzog Carl Eugen bewohnte das Schloß zeitweise während der Bauzeit des Neuen Schlosses in Stuttgart. Ende 1764 verlegte er seine Residenz hierher und erfüllte die Stadt Ludwigsburg elf Jahre lang mit einem schon fast legendären, glanzvollen Hofleben.

Das Gesicht des Schlosses und noch mehr das seiner Gärten veränderte sich mit jedem neuen Hausherrn. Der von einem außerordentlichen Gestaltungswillen geradezu besessene Carl Eugen bildete da natürlich keine Ausnahme. Er ließ unter anderem von Philippe de La Guêpière das Schloßtheater einbauen und die Attikazimmer im westlichen Teil des Neuen Corps de Logis in feinstem Rokoko als seine Wohnung ausstatten. Östlich vom Schloß ließ er das größte Opernhaus Europas bauen. Besonderes Interesse schenkte Carl Eugen den Gartenanlagen, die er komplett umgestaltete und deren Orangerie großes Aufsehen erregte. Carl Eugens Nachfolger, insbesondere König Friedrich (1754–1816), nahmen wiederum etliche Veränderungen an Schloß und Gärten vor. Das Aussehen der Anlage zur Zeit Herzog Carl Eugens kann kaum mehr rekonstruiert werden, da gerade aus dieser Phase Pläne und Aktenmaterial fehlen, was teils auf unbedachte Aktenausscheidungen, teils auf Kriegsverluste zurückzuführen ist. Ein Plan von G.P. Schreyer, der Schloß Ludwigsburg und Umgebung um 1760 zeigt, ist einer der wenigen aus Carl Eugens Zeit. (vgl. Szymczyk-Eggert, 1988)

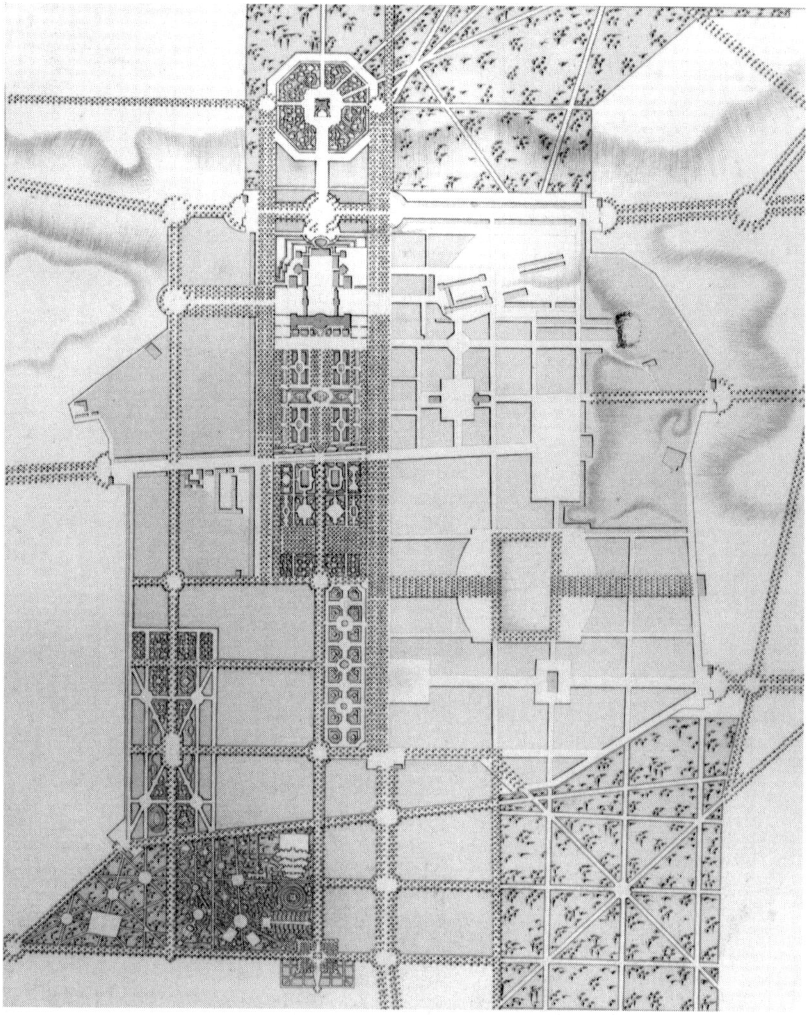

Plan von Ludwigsburg um 1760

Schloß Ludwigsburg (erbaut 1704–33 unter Herzog Eberhard Ludwig) mit Schloß Favorite und Südgarten, heutiger Zustand

Das Festin von 1762

Das Festin zu Ludwigsburg des Jahres 1762 fand am 16. Februar, dem 6. Tag der Feierlichkeiten zum 34. Geburtstag des Herzogs, statt. Um sechs Uhr abends trat die Hofgesellschaft den Weg von Stuttgart nach Ludwigsburg an. Das Festin sollte sich in diesem Jahr ausschließlich in den Gärten um das Neue Corps de Logis abspielen. Die beiden Privatgärten wie auch die Orangerie, die die gesamte Länge und Breite des Neuen Corps de Logis einnahmen, wurden im Winter überdacht und beheizt, *»so daß der Herzog beynahe niemahls eines Vergnügens beraubet ist, das man an allen andern Orten nur fünf oder sechs Monathe geniesset.«* Seit 1759 leistete sich der Herzog diesen Luxus, bis ab Mitte der 60er Jahre die Orangerien auf die Solitude verlegt wurden.

In diesem Jahr setzte der Herzog ganz auf die Überraschung seiner Gäste, sie mitten im Februar durch sommerliche Gärten zu geleiten und mit ihnen zwischen Orangenbäumen und exotischen Pflanzen zu tafeln.

Für den ersten Teil des Festins hatte Carl Eugen in seinem Privatgarten (ob im westlichen oder östlichen ist nicht bestimmbar) und dem daran anschließenden südlichen Vorgarten eine »Eremitage« (Einsiedelei) einrichten lassen. Diese teils wilde, teils kultivierte Ideallandschaft war von Schäferinnen und Schäfern bevölkert. Jene ›Landbevölkerung‹ – dargestellt von den ersten Tänzern des herzoglichen Ensembles – versammelte sich im Parterre des Privatgartens zu einem Ballett, das die Gäste von der erhöhten Galerie beobachten konnten. Nach diesem Tanz führte der Herzog die Gesellschaft in sein Paradestück: die Orangerie vor der Südfassade des Schlosses. Dieser regelmäßig angelegte Garten war märchenhaft erleuchtet. An 13 Tafeln war für 750 Personen festlich aufgedeckt. Über die Speisenfolge erfahren wir nichts, doch zum Dessert erhielten die Damen unter den Gästen ein extra »Bonbon«: Von der Decke schwebte Amor herab und verabreichte den entzückten »Grazien« nicht nur schmeichlerische Verse, sondern auch kostbarste Geschenke! Ein Chor der »Götter« bildete den Schluß des Festins. Ein vorgesehener Abschlußball wurde abgesagt, da sowohl der Herzog als auch ein Teil der Gäste heillos übermüdet und noch der anstrengende Weg nach Stuttgart zurückzulegen war.

Hier ist die gesamte Beschreibung des Festins, die im Briefstil verfaßt wurde, einer im 18. Jahrhundert besonders beliebten Literaturform:

Festin zu Ludwigsburg
im Schloß der württembergischen Herzöge, drei Wegstunden von Stuttgart.

Monsieur, lassen Sie mich vor meiner Schilderung Atem holen und meine Farben überprüfen, denn hier müsste der größte Maler auf die stärksten Pinselstriche bedacht sein!

Der Herzog hatte sich am 15. nach dem Ball nach Ludwigsburg begeben, dort die Nacht verbracht und den ganzen Tag persönlich seine Befehle erteilt.

Am 16. um 18 Uhr abends versammelte sich der ganze Hofstaat im Stuttgarter Schloß, damit alle Kutschen gemeinsam abfahren konnten. Der gesamte Weg war gesäumt von Bauern mit brennenden Fackeln.

[Eremitage – Südlicher Vorgarten des Jardin privé]
Man kam durch eine eigens mit Sand bestreute Allee direkt am Festplatz an. Die Türen öffneten sich über einer Freitreppe und man sah den Herzog, der sich zusammen mit einigen Offizieren zeigte, um den Besuch der fremden Herrschaften in seiner Eremitage zu empfangen.

Der Eingang stellte Felsen dar, durch die man Wege gelegt hatte. Im Inneren war eine doppelte Freitreppe, groß genug um alle Gäste zu versammeln, die der Anblick wie Säulen bannte: Auf einmal sah man das ganze Firmament voller Sterne wie in der schönsten Nacht. Sie verbreiteten gerade so viel Licht wie nötig war, um unter diesem schönen Gewölbe eine fruchtbare und ländlich kultivierte Erde zu entdecken. Weinreben, Obstgärten, Berge, Wasserfälle, Felsen, Bäche, Teiche, Strohhütten und Hirten beiderlei Geschlechts waren in den verschiedenen Plantagen. Und das Wunderliche an all dem war, daß all diese Herrlichkeiten auf einem Raum von 100 auf 60 Fuß Länge [28,6 x 17 m] gesehen wurden.

Nachdem alle Augen diese Erscheinungen genossen hatten, zeigte der Herzog den Gästen die Wege, durch die man ins Innere der Eremitage gelangen und hinabsteigen konnte; man durchschritt zunächst einen Weinberg, in dem junge Mädchen von der interessantesten Gestalt und für ihre Beschäftigung sehr galant gekleidet, echte Trauben ernteten, die sie unaufdringlich den Passanten reichten. Beachten Sie das Wunder, Monsieur, am 16. Februar hatten wir Fröste wie im Monat Oktober. Alle aßen Trauben, die man köstlich fand und trotzdem blieben noch etliche an den Reben zurück.

Von dort stieg man kleine, von Laubengängen gesäumte, Fußwege hinab in Obstgärten, wo die natürlichen Früchte aller Jahreszeiten an den Bäumen hingen. Man überquerte sodann über kleine Stein- oder Holzbrücken lebhafte Bäche, die ihr Wasser aus klaren Wasserfällen erhielten, die man zwischen den Felsen zerrinnen sah; sie waren an manchen Stellen aufgewühlt und von Bäumen gefallene Blätter schwammen darin, um die Natur so exakt darzustellen, als ob ein Gewitter des Vortages diese Unordnung verursacht hätte.

[Jardin privé des Herzogs]
Durch solche zauberhaften Orte gelangte man auf eine großartige erhöhte Galerie, in der man, als alle Platz genommen hatten, eine Sinfonie hörte, die perfekt das Zwitschern der Vögel bei ihrem Erwachen imitierte, so daß man um die Unmöglichkeit wissen mußte um nicht der Illusion zu verfallen. Zum Geräusch dieser zarten Melodie versammelten sich die Schäferinnen und Schäfer von allen Weiden auf einer Terrasse in der Mitte des Hains, dort der Arbeiter, die Floristin, alle versammelten sich zu Tänzen und warteten darauf, daß sich die Morgenröte erheben würde und sie zu ihrer Arbeit zerstreuen würde.

Sie hätten auf dem Sand das anmutigste Ballet der Welt gesehen, Monsieur; alle Charaktere wurden von den ersten Tänzern des großen Schauspiels dargestellt; Schließlich unterbrachen die Tänzer mitten im Tanz ihre Bewegung und blieben unbeweglich! --- Es ist die Morgenröte ...

Ein Vorhang hebt sich ---

[Orangerie]
Und es zeigt sich ein neues Spektakel von noch erstaunlicherem Glanz:

Es ist ein Garten aus Orangenbäumen und Myrten, von 1 000 Fuß Länge auf 200 Breite [286x57 m], beleuchtet von 180 000 Glaslampen, aber so ordentlich und geschmackvoll angelegt, daß alle Abteilungen ein anderes Bild liefern.

Hierher führte der Herzog seinen ganzen Hofstaat aus der Eremitage heraus. Die erste Herrlichkeit, die sich dem verblüfften Auge des Zuschauers zeigt, ist eine glänzend dekorierte Tafel mit dreißig Gedecken auf einer Anhöhe gegenüber dem Eingang. Sie ist umgeben von Balustraden. Von dort erheben sich zwölf goldene Stützpfeiler, die einen enormen Girlandenkranz zu tragen scheinen, um den herum 30 Kristallüster aus Venedig mit jeweils 24 Kerzen hingen. Oben in der Mitte des Kranzes sah man einen

Aufführung in einem Gartentheater, abgebildet im Württembergischen Hofcalender von 1773

Spiegel, dessen Effekt ich später beschreiben werde. Aber bitte, durchgehen wir diesen blendend hellen Garten.

Sie glauben, Monsieur, vielleicht nicht alles, was Sie nun lesen werden. Ich selbst, Ihnen beschreibend was ich sah, würde glauben man hätte mich geblendet – aber dann wären mit mir 6 000 Seelen Opfer dieses Zaubers!

Orangenbäume von unfaßbarer Größe und mit enormen Stämmen bogen sich unter dem Gewicht ihrer Früchte; sie haben ihre Wurzeln direkt in der Erde. Andere verbinden sich als Laubengänge und spenden einen Schatten, daß die Sonne trotz all ihrer Kraft nicht durchdringen kann. Der ganze Garten bildet einen Laubengang, nur frisches Grün von einem Ende bis zum anderen, und das ganze Gebäude des immensen Gewölbes, das dieses schöne Grün stützt, ist in der Luft und es ist keine einzige Stütze sichtbar.

Das Auge blickt dann auf ein Parterre herab, das die ganze Länge des Gartens bedeckt und das übersät ist mit Lampions, und sieht mit großer Überraschung all die schmalen Beete, die mit natürlichen Blumen aller Jahreszeiten geschmückt sind und die sich das Wort gegeben zu haben schienen, zu warten, um in eben diesem glücklichen Augenblick zu erblühen.

Mehr als 30 Becken in gleichen Abständen spritzten ihre Wasser bis zur Decke und man machte keine zehn Schritte, ohne eine kunstvoll arrangierte Muschelgrotte zu finden, deren Fontänen eine Frische verbreiteten, die imstande war, den starken Geruch der Lampions auszugleichen.

An den beiden Enden des regelmäßigen Gartens sind zwei andere kleine Gärten hergerichtet, um die Uniformität zu vermeiden; diese beiden Gärten sind umgeben von Laubengängen bestehend aus Orangenbäumen und sind bevölkert von den seltensten Pflanzen der unterschiedlichsten Klimazonen. Ihre Wurzeln sind direkt in der Erde, und wenn einige von ihnen in Vasen stehen ist es nur, um die goldene Balustrade zu schmücken, die sich über den Laubengängen befindet, und um eine Galerie zu dekorieren, auf die man über Treppen gelangt, bei denen sich Stein und Gold mischen.

Während man durch die beleuchteten Orte spazierte, bemerkte man, daß die Lampions etwas zu starke Hitze verbreiteten (beachten Sie, daß es mitten im Winter ist) – dem wurde abgeholfen: Man öffnete die Fenster des Gartens! Glauben Sie nicht, daß ich scherze! Aber ich muß Ihnen den Mechanismus und den Schlüssel zu diesen erstaunlichen Dingen geben: all diese Gärten von der Länge und Breite die ich Ihnen beschrieb, sind während des ganzen Winters »en-maisonnés« (wenn ich das so sagen darf); Wände und Dächer bewahren sie vor den Schwankungen der Lüfte; zahllose Öfen wärmen sie und Öffnungen im Dach öffnen sich, wenn der strahlende Phoebus sie besucht: dieses ganze Zimmerwerk wird im Frühling abgebaut und in der Mitte des Herbstes wieder installiert.

Ich halte Sie nicht länger an diesem entrückenden Ort, von dem es unmöglich ist, Ihnen ein lebhaftes Bild in einer kalten Beschreibung zu geben. Man muß ihn selbst sehen um zu urteilen und ich rate Ihnen stark, an den nächstjährigen Festlichkeiten teilzunehmen.

[Tafel – Überraschung des Amors]

Folgen wir dem Herzog, der sich mit den Prinzessinnen und Prinzen und den 30 Personen, die er für diesen großen Tag auserwählt hat, unter den Kranz zur Tafel; während 12 seiner Offiziere sich jeweils an einen Tisch mit 60 Gedecken um die Tafel des Herzogs herum die Ehre geben, mitten in den Lampions und Parterren und ohne jede Unbequemlichkeit.

Aber was Sie noch mehr erstaunt hätte, das war die Ordnung die überall regierte. Mehr als 15 000 Seelen hatten ohne die geringste Verwirrung Anteil an diesem Fest. Es hatte lediglich einige Wachtposten, die an vier verschiedenen Eingängen für einen reibungslosen Einlaß sorgten. In den Gärten selbst war das nicht nötig, und wenn man einige hundert Soldaten des Herzogs in den verschiedenen Alleen verteilt sah, dann waren sie in ländlicher Art gekleidet, passend zum Fest. Sie waren nur zur öffentlichen Sicherheit da und hatten als Waffe nichts als eine große Stange, an deren Ende ein nasser Schwamm befestigt war, um bei kleinsten Feuerunfällen einzuschreiten.

Begeben wir uns nun hinter die Sitze dieses großartigen Festes, um Augenzeugen der großen Freigebigkeit dieses Fürsten zu sein, denn sie wird auf eine Weise glänzen, die Sie nicht erwarten.

Ich vergaß zu sagen, daß diese Sitze selbst von ausgesuchter Eleganz waren, wie überhaupt alles; Blumenkränze schmückten die Pfeiler, die Balustraden usw. Erwarten Sie nicht, daß ich Ihnen die Speisen beschreibe, begnügen Sie sich damit zu wissen, daß alles pompös, selten und erstklassig war.

Als das Dessert serviert wurde, hörte man rührende melodiöse Töne in der Luft, die etwas Außergewöhnliches ankündigten. Das konnte nur die Ankunft eines Gottes sein. Der Herzog erhebt seine Augen und alles folgt seinen Blicken; der Blick bleibt im Spiegel in der Mitte des Kranzes an der Decke hängen, von dem ich versprach seinen Effekt zu schildern: man sah einen Moment ihn sich rühren; er kommt herab, er bringt herbei ... den schönsten aller Götter ... dieses zarte Kind ... der Vater und Spender unserer Vergnügungen! Er hatte seinen Thron in den Tafelaufsätzen des Tisches. Von hier aus verteilte er Verse an die Schönen, die der Hauptschmuck dieses

Banketts waren: er verglich sie mit den göttlichen Grazien, und warf ihnen vor, sie hätten den Himmel verlassen um an diesem Fest teilzunehmen, ohne ihn mitgenommen zu haben; aber er sei auf ihren Spuren herbeigeeilt, weil die Grazien ihren schönsten Glanz der Liebe verdanken, und die Liebe keine Macht hat ohne die Grazien. Ich nehme an, daß sie die Verse erfahren wollen; sie waren die schönsten der Welt; aber die Bescheidenheit, die verbot, sie zu veröffentlichen, verrät uns den Autor und läßt ihn uns mehr und mehr bewundern [Herzog?!].

Der kleine Amor bat die Grazien, von seiner Hand Geschenke zu empfangen, die er ihnen als Hommage an die Schönheit übergab. Im selben Moment bemerkten die Damen unter ihren Sitzen verschnürte Päckchen, die sie auspackten. Die eine fand eine Uhr, die andere eine Tabatiere, andere Ohrgehänge und wieder andere teuren Schmuck.

Es gibt keinen Herrscher, der nicht imstande wäre, 50 000 Ecus an seinem Geburtstag auszugeben, aber nur der Herzog von Württemberg weiß sie so galant auszugeben! Alle Geschenke dieser Welt haben einen Wert, aber die Art sie zu überreichen macht sie unschätzbar. Er selbst hatte sich in einige Distanz zum Tisch begeben um dem Dank zu entfliehen. Die großen gebenden Seelen lieben es mehr, sich an dem Vergnügen zu freuen das sie verursachen.

Amor sprach dann in weiteren Versen, daß er nichts im Himmel gesehen hätte was so glänzend sei wie das, was er auf dieser Erde sieht; daß er wieder hinaufsteigen würde um die anderen Götter zu holen, um diesen Tag durch ihre Anwesenheit noch schöner zu machen. In diesem Moment fliegt er in seinem Gefährt davon, aber glänzende Konzerte künden schon bald von seiner Rückkehr und der des ganzen Olymps: Die bepflanzte Decke öffnet sich überall und aus der Luft und der Erde kommen die Gottheiten hervor mit dem Pomp, den solch ein Tag fordert. Die Stimme der himmlischen Mächte mischt sich zu den Instrumenten und ergibt die schönsten Töne, eine Göttin singt von den herrlichen Landschaften des Herzogs und alle Götter wiederholen es gemeinsam. Die entrückten Zuschauer sind nahe daran in den Chor einzustimmen.

Dann ging man in das Schloß zurück, das hell erleuchtet war und offen für alle. Ein großartiger Saal war für den Ball vorgesehen, aber einige Gründe sprachen dagegen ihn zu geben. Das Fest war schon so weit in die Nacht gegangen, der Herzog war die vorangegangene aufgewesen, einige Prinzessinnen befanden sich indisponiert, es waren noch drei Wegstunden nach Stuttgart zurück und überdies war ein Ruhetag vonnöten für die noch kommenden Vergnügen.«

Das Festin von 1763

Im Jahr 1763 war das Festin um ein vielfaches prächtiger als im Jahr zuvor. Diesmal wurde nicht ›nur‹ mit den an ein Wunder grenzenden Wintergärten des Herzogs geprahlt, man hatte zudem auch den gesamten Innenhof des Residenzschlosses verwandelt ...

Orangerie – Leere Tafel im Gardesaal

Am Abend des 17. Februars 1763 fuhren *»mehr als sechszig Wagen«* von Stuttgart nach Ludwigburg. Der Herzog empfing die Gäste vor der mittleren Pforte der Orangerie, die auch gleich besichtigt wurde. Da die Bewunderung dieses Prachtstückes kaum enden wollte, verließ man *»solche mit einer Art von Unwillen, und gieng durch die Gemache, durch welche man in den grossen Marmorsaal gelanget. Man fand daselbst eine grosse prächtig gedekte Tafel, wunderte sich aber ungemein, die Schüsseln alle leer anzutreffen. Dieser artige Umstand erregete den Verdacht, daß Se. Herzogliche Durchlaucht einen andern Plaz, das Festin darinnen zu beschliessen, hätten zurüsten lassen.«* Nach diesem verblüffenden Scherz folgte die Gesellschaft dem Herzog in den Gardesaal. Nachdem von hier aus der zunächst noch von ›Wolken‹ verdeckte Blick in die Innenhof freigegeben wurde, stand vor den Augen der Anwesenden ein »Palast der Pracht«.

Palast der Pracht – Tafel

»Das durch diesen Anblick überraschte Aug konnte anfangs dessen Glanz nicht ertragen, und die Vernunft gerieth in Versuchung zu zweifeln, ob ihre Entzückung nicht von einem Blendwerke herrühre, das eine Zauberkraft verursachet hätte.« Uriot beschreibt den Palast der Pracht bis ins Detail, sodaß es möglich war davon eine Skizze anzufertigen. Im Zentrum des Palastes stand der ›Olymp‹, der von herzoglichen Musikern bevölkert wurde, die als Götter ausstaffiert waren. Zudem waren im Palast die vier Elemente sowie die vier Jahreszeiten an verschiedenen Orten parallel in kleinen Szenerien dargestellt. Während die Götter Symphonien Jommellis spielten, führte Carl Eugen die *Gäste »an allen merkwürdigen Orten des Palastes herum.«* Nachdem man alles *»sattsam bewundert«* hatte, wurde gespeist: einunddreißig Personen hatten die Ehre an der herzoglichen Tafel im Kuppelsaal Platz zu nehmen, während weitere vierhundert Couverts im Palast verteilt waren.

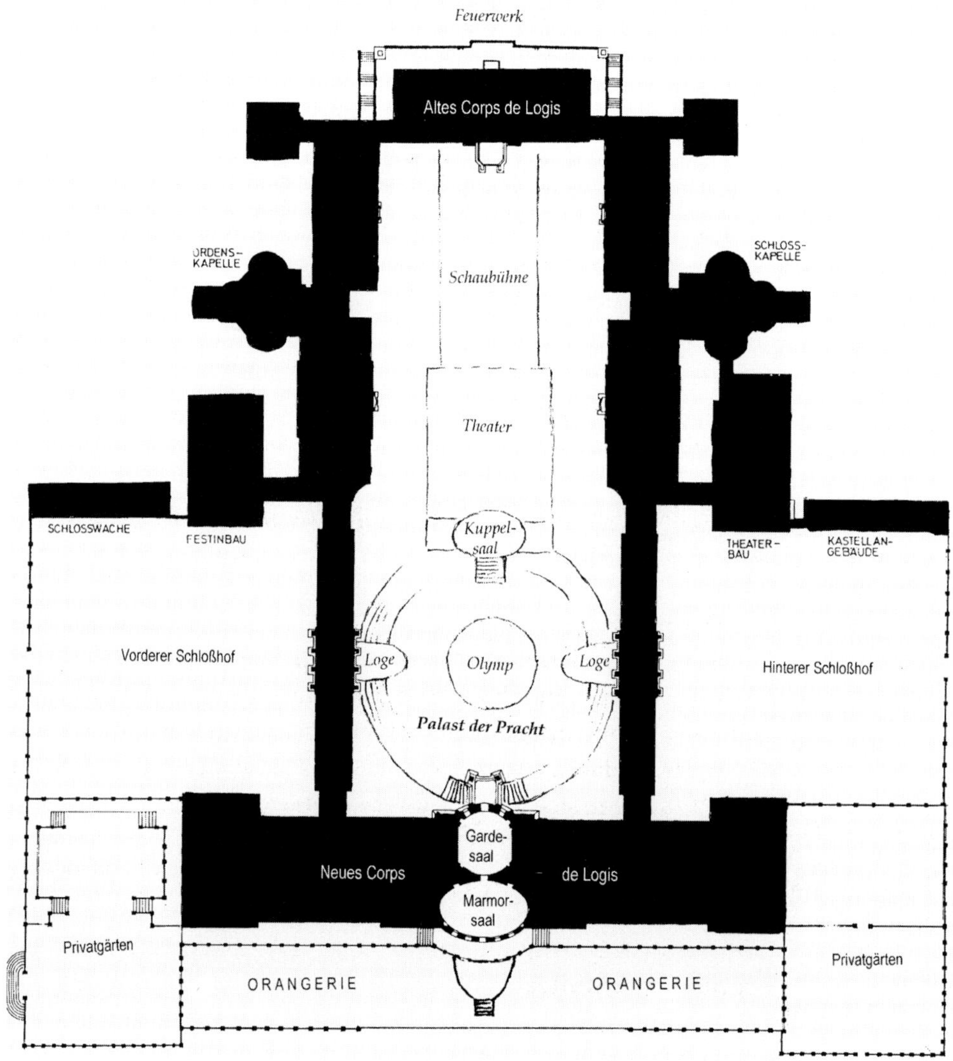

Skizze vom Festgelände von 1763

Schaubühne des Palastes der Pracht – »Der Sieg des Amors«
Nach der Tafel überraschte der Gastgeber die Gesellschaft mit einem weiteren spektakulären Festgebäude, dem ›Theater des Palastes der Pracht‹, die sich direkt an den Palast anschloß. Der Kuppelsaal diente darin als Hauptloge. Der Zuschauerraum bestand aus dem Parterre, umgeben von einer Galerie, die von Arkaden getragen wurde. An die Wände unter den Arkaden waren Zuschauer gemalt. Die Bühne hatte nunächst nur eine Tiefe von 16 Metern, doch für die grandiose Schlußszene öffnete sich die Rückwand der Bühne, sodaß diese sich schließlich bis zur Fassade des Alten Corps de Logis erstreckte! Der Theatersaal hatte damit insgesamt die enorme Länge von 100 Metern, davon 82 Meter Bühnenlänge. Nach einem galanten Ballet von Noverre wurde das Schäferspiel »Der Sieg des Amors« gegeben. Dieses Spiel hatte *»jene edle Einfalt, mit welcher sich die Hirtengedichte Virgils bezeichnen«* und faszinierte daher wohl weniger durch die Handlung als durch die Musik Jommellis, die großartigen Sängerinnen und Sänger, und Colombas Dekorationsideen.

Feuerwerk
Während des nachfolgenden Schlußballetts platzte der Gott Vulcanus, der durch sein tölpelhaftes Auftreten alle zum Lachen brachte, auf die Bühne und kündigte ›seinen‹ Programmpunkt an: ein großes Feuerwerk, das auf der Allee zum Schloß Favorite abgebrannt wurde. Dazu begab sich die Gesellschaft auf den Balkon des Alten Corps de Logis.

Es war drei Uhr morgens, als das ›Bouquet‹ – ein Kasten mit 6 000 Raketen als Abschluß des Feuerwerks in die Luft flog. Damit endete das Festin in Ludwigsburg 1763, noch in der Nacht fuhren die Gäste zurück nach Stuttgart.

ENTREE
Bey der Fete
zu Ludwigsburg.
Auf den 17. Febr. 1764.

Eintrittskarte für das Festin in Ludwigsburg

Das ›Ludwigsburger Festin‹ von 1764

In diesem Kapitel soll mit Hilfe von Uriots Text und Colombas dazugehörigen Dekorationsplänen ein Gesamteindruck des Festes gewonnen werden. Wir folgen den Gästen durch alle Stationen des raffiniert ausgetüftelten Festablaufs und ›beobachten‹ die sich dort abspielenden Szenen. Zur Orientierung auf dem Schloß- und Festgelände empfiehlt sich ein gelegentlicher Blick auf den Grundriß des Schlosses mit den eingefügten Plänen der Festarchitektur.

Empfang im Schloß

Am Freitag, den 17. Februar 1764 erwartete das Festin in Ludwigsburg die Hofgesellschaft, die sich bereits seit Tagen im Festrausch befand. Der Herzog hatte sich schon abends zuvor nach Ludwigsburg begeben um letzte Anweisungen zu erteilen. Dieses Festin war *seine* Erfindung und er kümmerte sich bis ins Detail um deren Ausführung in seinem Sinne.

Gegen sieben Uhr abends versammelten sich die geladenen Gäste beim Neuen Schloß in Stuttgart. Von hier setzten sich die Kutschen, von Fackeln begleitet, in das drei Wegstunden entfernte Ludwigsburg in Bewegung. Die erlauchten Damen und Herren waren in Maskenkostüme, sogenannte ›Dominos‹, und weiße Mäntel gekleidet. Die schnurgeraden Ludwigsburger Straßen waren mit Laternen und Lichterpyramiden kunstvoll beleuchtet und das Schloß strahlte den Ankömmlingen schon von weitem entgegen.

Über den westlichen Hof gelangte der Zug der Kutschen auf das Schloßgelände. Man fuhr vor bis zum Vestibül des Neuen Corps de Logis, wo die Herrschaften den Kutschen entstiegen. Bereits beim Eintritt in das Schloß, an der großen doppelten Prunktreppe, teilte

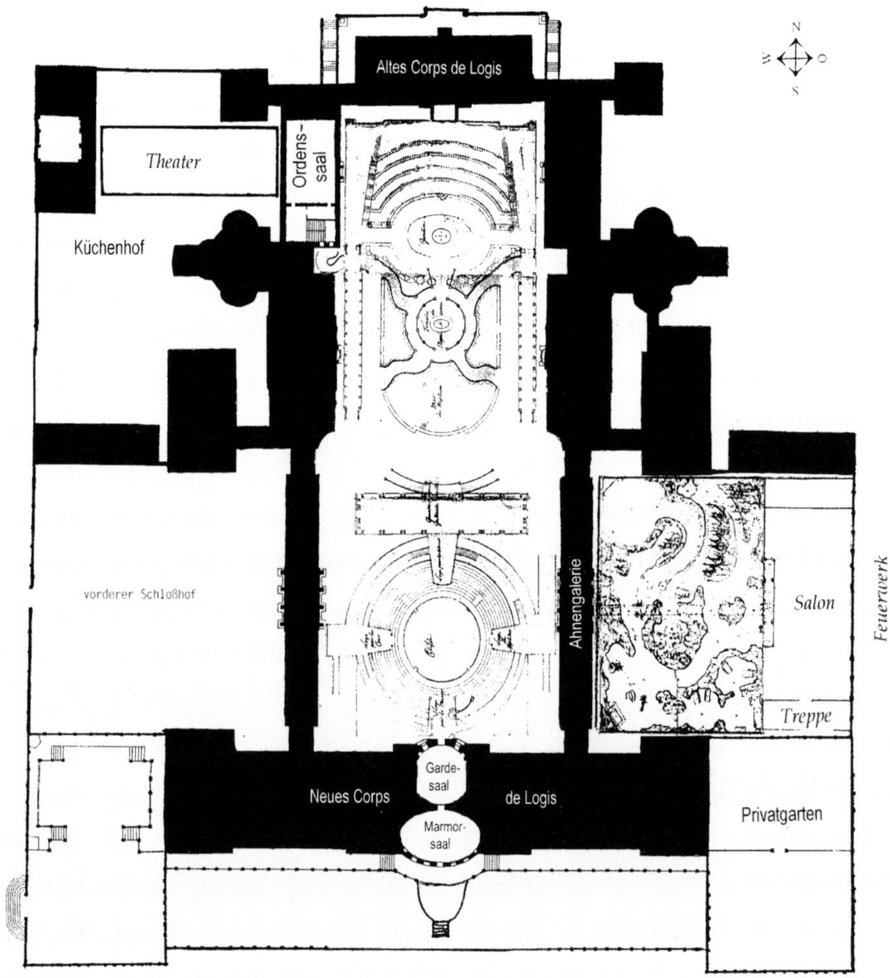

Grundriß des Schlosses mit eingefügten Plänen der Festarchitektur

sich die Gesellschaft: »*Um jegliche Verwirrung zu vermeiden ging nur die Hofgesellschaft die rechte Seite der Treppe hinauf, während die linke Seite für das Volk vorgesehen war, das über eine spezielle Galerie zum Festplatz geführt wurde*«.* Die weniger Privilegierten, das ›Volk‹, wurde direkt zum ›Festplatz‹ geführt – welcher Platz damit gemeint ist, ist allerdings unbekannt. Ob diese Leute, die wohl als eine Art Claqueure dienten, ebenfalls von Stuttgart angereist oder Einwohner Ludwigsburgs waren und um wieviele Personen es sich handelte, ist ebenfalls nicht bekannt. Es gab zumindest für einen bestimmten Personenkreis eine Art Eintrittsbillett. Nur ein exklusiver Kreis von Gästen wurde vom Herzog höchstpersönlich empfangen und in den Marmorsaal geführt. Von hier aus geleitete der Gastgeber seine Ehrengäste durch die stattliche Zimmerflucht der Beletage von 238 m Länge. Aus dem östlichsten Raum trat man in den illuminierten *Jardin privé* des Herzogs hinaus. Es handelt sich um den heutigen sogenannten Mathildengarten. Eine detaillierte Beschreibung des Pendants zu diesem Garten, des westlichen Jardin privé, und der herrlichen Orangerie gab es bereits in den Festbeschreibungen von 1762 und 1763. In der 1764er Beschreibung fallen die Angaben zum Jardin privé dafür sehr kurz aus, die Orangerie wird nicht einmal erwähnt. Die zierliche Ausgestaltung des Jardin privé bestand aus Laubengängen, Blumenbeeten, Springbrunnen, Orangenbäumen, Vasen und einer Voliere mit exotischen Vögeln. Einige Zeit spazierte die Gesellschaft durch diesen Garten und begab sich dann von hier aus hinüber zum hinteren Schloßhof.

Colombas Pläne und Programm im hinteren Schloßhof

Von der Festarchitektur im hinteren (östlichen) Schloßhof existieren zwei Pläne von der Hand Innocente Colombas. Beide Pläne zeigen den Grundriß des Festaufbaus. Die Originalpläne sind vermutlich dem Zweiten Weltkrieg zum Opfer gefallen, jedoch sind glücklicherweise Fotografien von ihnen erhalten. Das genaue Entstehungsdatum der Pläne ist nicht bekannt, liegt aber sicher etliche Wochen oder Monate vor dem Festtermin.

---

* Dieses und alle folgenden Zitate in diesem Kapitel stammen, soweit nicht anders erläutert, aus Uriots Festbeschreibung von 1764 in der Übersetzung der Autorin.

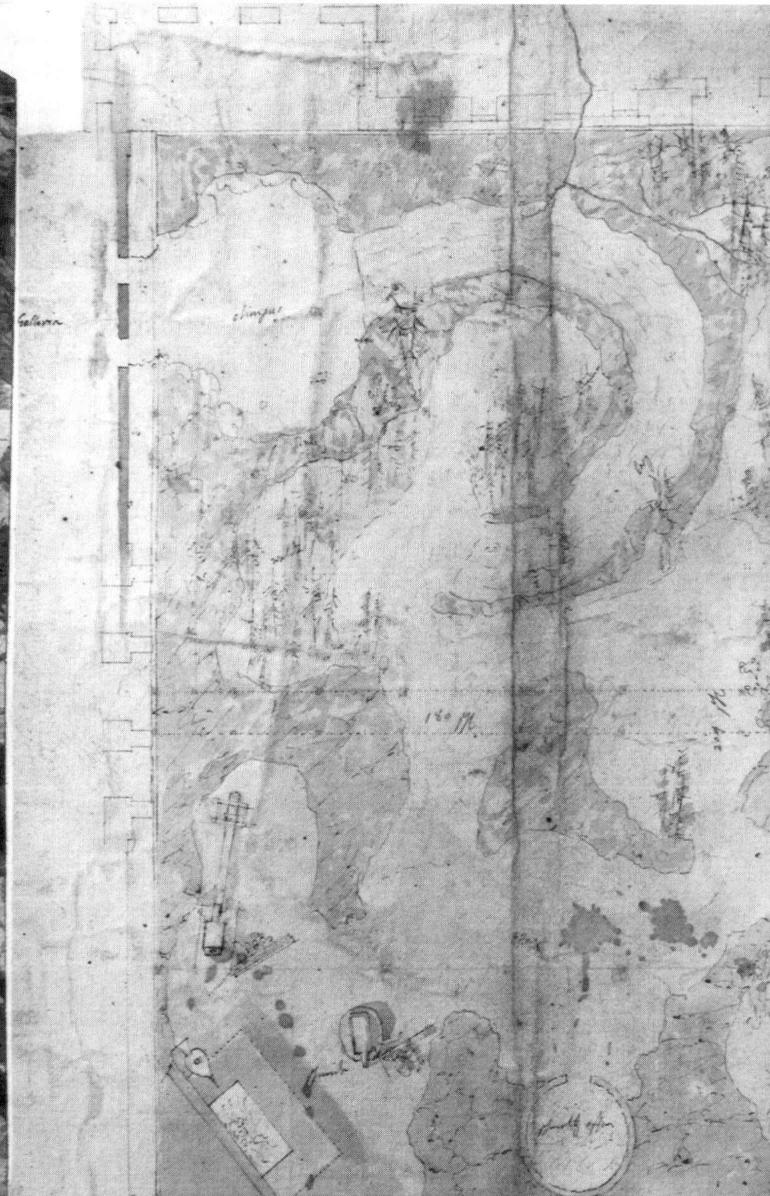

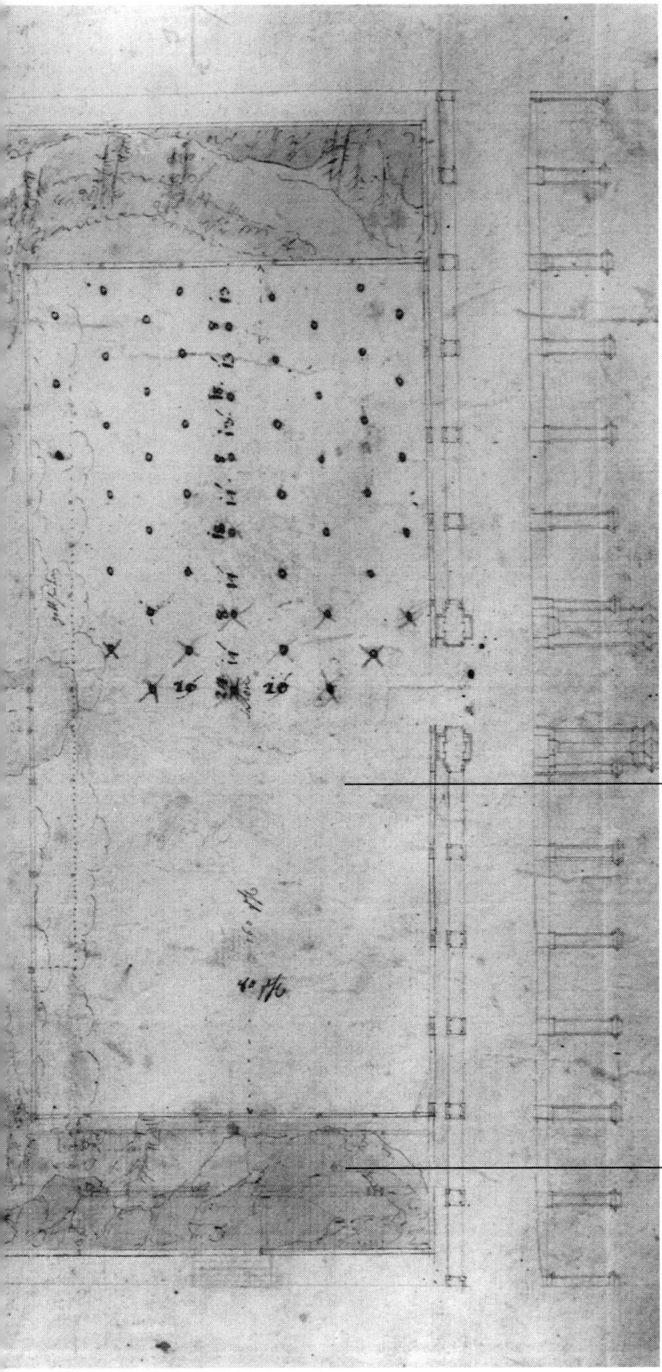

Salon

Treppe

Plan 1 (Festaufbau im hinteren Schloßhof)

Salon mit Aussicht (Plan 1)

Das Fotonegativ der einen Zeichnung, ab hier Plan 1 genannt, befindet sich im Württembergischen Landesmuseum mit der vagen Bezeichnung »Plan für Theateraufbau im hinteren Schloßhof; Datierung: Mitte 18. Jahrhundert«. Der Plan war zum Zeitpunkt der Fotoaufnahme in einem relativ schlechten Zustand.

Auf dem eher skizzenhaften Plan sind die den Hof umschließenden Schloßgebäude angedeutet. In den Hof wurde eine eng an die Gebäudeteile angrenzende Umfriedung eingezeichnet. Eine Felsen- und Waldlandschaft nimmt zirka zwei Drittel des Hofes ein, während das verbleibende Drittel den Grundriß eines Saales zeigt. Über die ganze Landschaft, durch die sich mehrere Wege schlängeln, sind tannenähnliche Bäume verteilt, auch Gras und Gestrüpp werden angedeutet. In der nordwestlichen Ecke ist der Berg *olimpus*, zu dem ein breiter Weg im Halbkreis hinaufführt. Fast die gesamte südliche Hälfte der Landschaft nimmt der Vulkan *Ettna* ein. Auf oder in dem Vulkan befindet sich eine *schmidte* mit einer lodernden Feuerstelle auf der ein Blasebalg liegt und daneben stehen ein Amboß und ein Schmiedehammer. In einer Nische des Vulkangesteins ist ein kreisrunder *schmeltz offen*.

An einer Seite des Planes befindet sich ein längliches Stück Papier, auf das aquarellartig eine Felsen- und Waldlandschaft gemalt ist. Dabei handelt es sich um einen Aufriß der Landschaft. Die Art der Darstellung läßt darauf schließen, daß die Landschaftsdekoration ganz naturgetreu wirken sollte.

Treppe und Großer Salon

Zurück zum Fest. Wie gelangte die Hofgesellschaft vom Jardin privé in den hinteren Schloßhof? Dies stellte eine gewisse Schwierigkeit dar, denn bedingt durch den Geländeabfall von Süden nach Norden liegt der Jardin privé erheblich höher als der hintere Schloßhof. Die Mauer des Jardin privé einschließlich Balustrade ist zum Schloßhof hin zirka 7 m hoch! Um diesen beträchtlichen Höhenunterschied zu überwinden, hatte man eigens eine große und prachtvolle Treppe mit rund 50 Stufen angelegt (sie ist im Plan schwach erkennbar, da sie nur mit Bleistift eingezeichnet ist). Es war eine doppelte zweiläufige Treppe von bequemer Breite. So konnten die Gäste, auch die Damen in ihren ausladenden Roben und hohen Schuhen, sicher und elegant nach unten gelangen – in den Salon.

Der rechteckige *Salon* war nach dem Plan 160 x 80 Fuß groß (ca. 46 x 23 m). Eine architektonische Gliederung der Wände ist mit Markierungen angedeutet. In die eine Hälfte des Salons sind 50 kleine Kreise in regelmäßigen, versetzten Reihen eingetragen.

Uriot beschreibt den Salon als »*einen Saal ohne jegliche Stützpfeiler, von 160 Fuß Länge und 80 Fuß Breite. 96 Kronleuchter und 24 Wandleuchter verbreiteten eine strahlendere Helligkeit als die des Tages. Dieser Raum, der durch seine Größe beeindruckte, war von schöner Architektur mit korinthischen Säulen.*« Uriot bestätigt also die im Plan eingetragenen Maße des Salons, die Höhe bleibt allerdings unbekannt. In der Tat ist dieser Saal unglaublich groß, erheblich größer beispielsweise als die größten Säle des Schlosses, der Ordenssaal und der Saal im Festinbau. Die kleinen Kreise im Plan sind offenbar die Aufhängungen der 96 Kronleuchter. Die Zahlen bei den Aufhängungsmarkierungen bedeuten zum Teil die Abstände zwischen den Leuchtern, die übrigen Zahlen könnten die Anzahl der Arme der Leuchter bedeuten. Der größte Leuchter in der Mitte des Salons hätte demnach 24 Arme gehabt, die anderen Leuchter alternierend 18 und 8 Arme. Zusammen mit den mehrarmigen Wandleuchtern muß die Wirkung des Lichts im Salon wirklich brillant gewesen sein!

Was geschah nun im Salon? »*Oben auf der linken Seite war ein illuminierter Wolkenhimmel. Die Wolken fielen unregelmäßig zur Erde und verdeckten die Architektur auf dieser Seite. In diesem Wolkenhimmel saßen alle Gottheiten des Olymp, dargestellt von Musikern.*« Auf dem Plan ist diese Konstruktion angedeutet: Der gepunktete Streifen parallel zur westlichen Wand, auf dem das Wort *Gottheiten* steht, bezeichnet eine Empore oder Galerie und auch der Wolkenhimmel ist mit lockeren runden Strichen skizziert.

Bei der Ankunft der Hofgesellschaft im Salon begannen die Götter im Chor zu singen. Anschließend spielten sie eine kleine Szene in italienischer Sprache, gedichtet vom Hofpoeten Tagliazucchi. Die Götter begleiteten von hier ab die Gäste durch das Fest. Sie tauchten an verschiedenen Stellen auf und spielten über den ganzen Abend verteilt kurze galante Szenen, deren Text an entsprechender Stelle in der Festbeschreibung abgedruckt ist.

In dieser ersten Szene verkündeten die Götter, sie hätten den Olymp verlassen, um dieses schöne Fest *noch mehr* zu verschönern. In ihrem heiteren Gespräch sparten sie nicht mit Komplimenten an den Herzog und seine Gäste. Schließlich spitzte sich die Szene zu: der Feuergott Vulcanus wurde von den anderen Göttern wegen seines leicht mißratenen Feuerwerks vom Vorjahr gefoppt – die feuchte Witterung hatte es teilweise verdorben. Auf diese Beleidigung hin wollte der Feuergott nun auf's Neue sein Können unter Beweis stellen. Dies war die dramaturgische Einleitung einer Dekorationsverwandlung und eines Feuerwerks.

Verwandlung des Salons und Feuerwerk

Das Feuerwerk wurde durch einen Hammerschlag des Vulcanus und einen donnernden Kanonenknall eingeleitet. Daraufhin geriet der ganze Salon in Bewegung: Die zu Boden gefallenen Wolken auf der westlichen Seite des Salons erhoben sich und gaben den Blick frei auf die *»Höhle des Vulcanus«*. Die Götter verschwanden (auf welche Weise erfahren wir später) und gleichzeitig verwandelte sich der Salon mit großem Lärm in *»schreckliche Felsen«*. Auf der östlichen Seite blieben neun verglaste Öffnungen frei. Zu diesen Fenstern begab sich die Hofgesellschaft nun, um von hier aus das Feuerwerksspektakel zu beobachten.

Das Feuerwerk wurde auf dem Gelände östlich des Schloßhofes abgebrannt. Die Öffnungen, durch die das Feuerwerk verfolgt wurde, entsprechen den Zwischenräumen der Pfeiler des Zaunes, die auf dem Plan im Aufriß dargestellt sind. Das Zaungitter besteht auch heute noch auf dieser Hofseite aus Holzlatten, so daß es leicht entfernt werden konnte um die Sicht freizugeben. Was die Verglasung der Öffnungen betrifft, so ist vom Feuerwerk des Vorjahres eine ähnliche Vorrichtung bekannt: da war das Feuerwerk auf der Allee zum Schloß Favorite aufgebaut worden und die Gäste beobachteten es vom Balkon des Alten Corps de Logis aus, den man *»von allen Seiten beschlossen und mit Fenstern versehen«* hatte. Diese mobile Verglasung verwendete man vermutlich auch im Jahr 1764. Wie die ›Verwandlung‹ des Saales in Felsen bewerkstelligt wurde, ist nicht bekannt. Vielleicht wurden Wendedekorationen oder bemalte Vorhänge eingesetzt.

Uriot beschreibt das Feuerwerk minutiös. Generalmajor Baron von Leger hatte es mit Hilfe von Offizieren und Feuerwerkern kunstvoll, aber auch auf die Sicherheit achtend, arrangiert. Vulcanus gab zum Auftakt des Feuerwerks einer Dame eine brennende Lunte, die, weitergereicht an einen Drachen, der zum Abschußplatz des Feuerwerks ›flog‹, die ersten Raketen entzündete. Das Feuerwerk war in achtzehn Linien aufgebaut (doppelt so viele wie im Vorjahr!), die nacheinander abgebrannt wurden. Seitlich waren dreißig Kanonen aufgestellt, die permanent abgefeuert wurden. Während das Feuerwerk des Vorjahres durch Regen großteils verdorben wurde, war das Wetter in diesem Jahr günstig und ließ alle Stücke voll zur Geltung kommen.

Höhle des Vulcanus und Berg Olmyp (Plan 2)

Das Fotonegativ des zweiten Planes, ab hier Plan 2 genannt, befindet sich im Landesdenkmalamt Baden-Württemberg mit der sehr ungenauen Bezeichnung ›Scenerieplan; Flußlandschaft, aufzubauen im Hinteren Schloßhof‹. Bisher hat man sich offenbar nicht bemüht den Text auf dem Plan zu entziffern, sonst hätte sich die Bezeichnung ›Flußlandschaft‹ schnell als falsch herausgestellt, denn schon aus der Überschrift geht hervor, daß es in dem Plan um Felsen geht, nicht um Flüsse, sie lautet: *Plan deß berge- und felßenwerck vom hinteren schloßhoff*. Auf diesem Plan liefert der Verfasser Colomba außerdem eine aufschlußreiche Legende mit. In deutscher Sprache und altdeutscher Schrift erläutert er die auf dem Plan eingetragenen Buchstaben von A bis Z sowie die Ziffern 1–5 und macht einige zusätzliche Anmerkungen. Am unteren Rand des Planes ist auch ein Maßstab eingezeichnet.

Der Plan zeigt, wie Plan 1, den Festaufbau im hinteren Schloßhof samt der ihn einschließenden Wand. Allerdings wurden hier die angrenzenden Mauern des Schlosses nicht eingezeichnet. Der Schwerpunkt dieses Planes liegt auf dem sehr detailliert gezeichneten und zusätzlich erklärten Landschaftsteil. Der *Salon* ist nur in seinen Umrissen wiedergegeben, mit Ausnahme der *Galerie der Gottheiten*, die offensichtlich das Verbindungsglied mit der Landschaft bildet.

Es folgt der Text auf Plan 2:

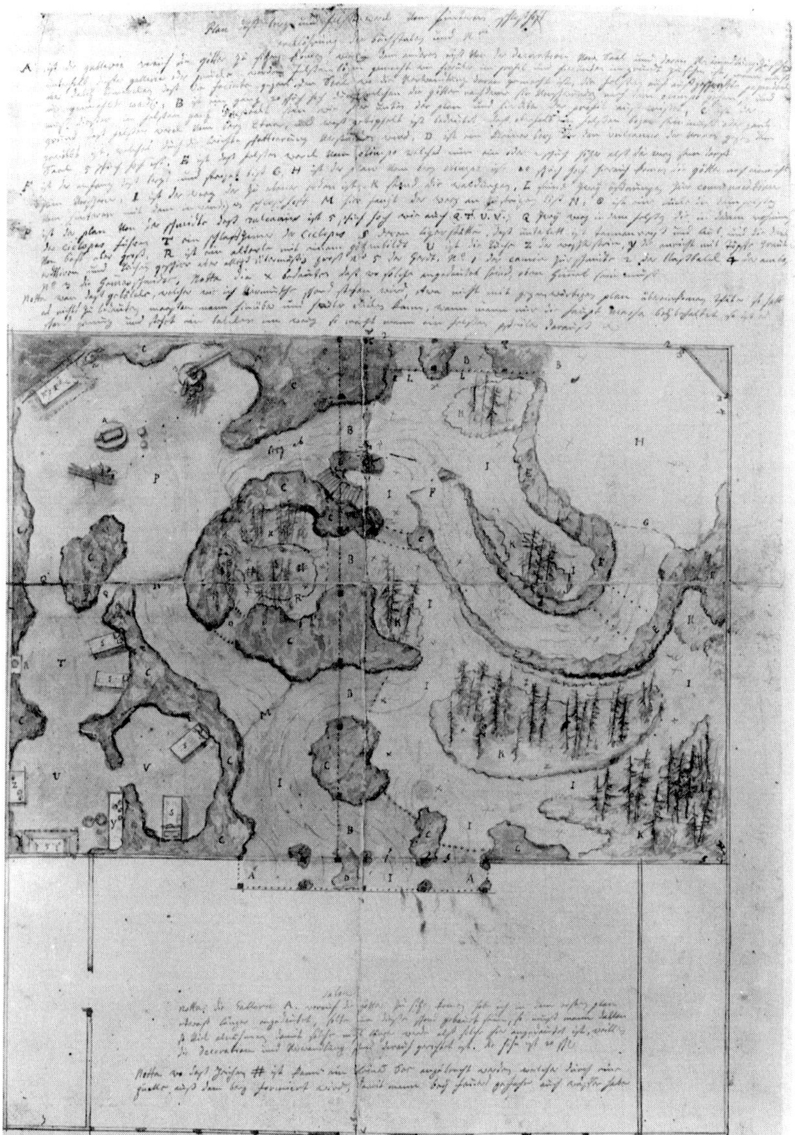

Plan 2

»Plan deß berge- und felßenwerck vom hinteren schloßhoff ercklährung von buchstaben und n.ri

A *ist die gallerie worauf die götter zu sitzen komen wie in dem anderen riß von der decoration vom Saal und deren Verwandlungs Zustand. unterhalb dießer gallerie oder prücke werden felßenbögen gemacht wie hierüber im profil und hierunter im grundt zu sehen ist, mann muß das dabey bemercken daß die faciata [ital., Fassade] gegen den Saal wo die Verwandlung daran gemacht ist, die felßen auch auß gepreßter papendeckel nur gemacht werd,*

B *ist ein gang 20 schuh hoch durch solchen die götter nachdeme sie verschwunden nach dem olimpo gehen, und muß dießer in felßen ganz versteckt sein wie hier unten der plan und hierüber der profil außweißet,*

C *ist der grund deß felßenwerck vom berg Etna, und waß getipfelt ist bedeutet daß oberhalb ein felßenbogen sein muß oder gantz gewölbt ist, welches durch die leichte schattierung verstanden wird,*

D *ist ein kleiner berg vor dem vulcanus der vorne gegen dem Saal 5 schuh hoch ist,*

E *ist daß felßenwerck vom olimpo welches nur ein oder 2 schuh höher als der weeg sein darf,*

F *ist der anfang deß bergs und steiget bis* **G**,

H *ist der plan vom berg olimpo; ist 20 schuh hoch; hierauf kommen die götter noch einmahl zum Vorschein,*

I *ist der weeg der zu ebener erden ist,*

K *seind die waldungen,*

L *seind zwey öffnungen zur communication vom hinteren mit dem inwendigen schloßhoff,*

M *hier fangt der weeg an zu steigen biß* **N**,

O *ist eine lücke in dem felsen,*

P *ist der plan von der schmidte des vulcanus, ist 5 schuh hoch wie auch* **Q T U V**,

Q *zwey weeg in dem felsen die in denen wohnung der ciclopes führen,*

T *ein Schloßzimer der ciclopes,*

S *deren ligerstätte; daß unterbett ist tannenreiß und laub, und die deck von bast aber groß,*

R *ist ein altarle mit einem götzenbildt,*

U *ist die küche,*

Z *der wasserstein,*

Y *die anricht mit töpfe kraut, erdbieren und küchengeschirr aber alles übermäßig groß.*

nr. 5 der herdt
nr. 1 der camin zur schmidte
nr. 2 der blaßbalck
nr. 4 der amboß
nr. 3 die hammerschmidte,

*Notta die **x** bedeuten daß wo solche angedeutet sind, oben Himmel sein muß,*

Notta wan daß gebälke, welches wie ich vermuthe starck stehen wird, etwa nicht mit gegenwärtigem plan übereinkommen thäte so hatt es nichts zu bedeuten maaßen mann hinüber und herüber rücken kann, wann man nur die hauptmaase beybehaltet so ist es starck genug und stehet ein balcken im weeg so macht mann ein felsen pfeiler darauß,

Notta die Gallerie A worauf die götter zu sitzen komen habe ich in dem ersten plan etwas länger angedeutet, solte nun diese starck gebauet sein, so muß mann davon so viel abnähmen damit solche nicht länger werde als solche hier angedeutet ist, weillen die decoration und verwandlung starck darauf gerichtet ist, die höhe ist 20 schuh,

Notta wo daß Zeichen # ist kann ein kleiner See angebracht werden welcher durch eine quelle aus dem berg formiert wird, damit mann bey feuersgefahr auch wasser habe.«

Gebälk und Pappendeckel

Die Planlegende gibt einige grundsätzliche Hinweise zum Festaufbau: Tragende Teile der Dekorationen waren aus stabilem Zimmerwerk *(gebälke)*, das möglichst unsichtbar sein sollte (*stehet ein balcken im weeg so macht mann ein felßen pfeiler darauß*). Das Zimmerwerk war so robust angelegt, daß *man hinüber und herüber rücken kann, wann man nur die hauptmaase beybehaltet so ist es starck genug*. Einige Dekorationsteile, wie beispielsweise die Felsen, waren *auß gepreßter papendeckel*. Immerhin hatte man auch die Feuergefahr bedacht, und die war in der Tat gegeben bei all dem Lichterzauber und den besonders leicht brennbaren Dekorationsmaterialien aus Holz und Pappendeckel. Nicht ganz einfach zu interpretieren ist der Hinweis *Notta die x bedeuten daß wo solche angedeutet sind, oben Himmel sein muß*. Ist der natürliche oder ein künstlicher Himmel gemeint? Mit einem *x* ist fast die gesamte nördliche Hälfte des Landschaftsteils gekennzeichnet, außerdem das kleine Tal des Feuersees. Also ist nur für den restlichen Teil des Geländes sicher, daß er überdacht war, nämlich die

Höhlengänge des Vulkans, deren Eingänge an den *getipfelten* Linien erkennbar sind. Auch Uriots Beschreibung bringt in diesem Punkt keine Klarheit. Vorstellbar wäre eine ›Höhlendecke‹ aus Pappendeckel über den Höhlengängen, über dem restlichen Teil eine ›Himmelsdecke‹ beispielsweise aus blauem Stoff mit aufgemalten Himmelsgestirnen (die Orangerie war ebenfalls mit solch einem ›Himmel‹ aus bemalter Leinwand überdacht).

Ein Vergleich von Plan 1 und Plan 2 bringt weitere Erkenntnisse. In der Legende von Plan 2 gibt es zwei direkte Hinweise auf Plan 1: Einmal unter Buchstabe A: *A ist die gallerie worauf die götter zu sitzen komen wie in dem anderen riß von der decoration vom Saal und deren Verwandlungs Zustand.* Der zweite Hinweis ist in der vorletzten Bemerkung: *Notta die Gallerie A worauf die götter zu sitzen komen habe ich in dem ersten plan etwas länger angedeutet.* Plan 1 war also der frühere Plan, auf dem die Dekoration des Salons (Kronleuchter) und seine Verwandlung (Wolken) eingezeichnet waren. Während der Landschaftsteil auf Plan 2 mit Änderungen und Details dargestellt wurde, war es nicht nötig nochmals die Saalgestaltung und die große Treppe aufzunehmen (Ausnahme: Galerie der Gottheiten). Die Darstellung des Olymp und seiner Umgebung deckt sich in hohem Maße auf beiden Plänen. Der westliche Teil der Vulkanhöhle stimmt ebenfalls auf beiden Plänen annähernd überein. Der kleine See zu Füßen des Vulkans war auf Plan 1 noch nicht vorgesehen, dafür fehlt der *schmeltz offen* von Plan 1 auf Plan 2.

In der Höhle des Vulcanus – Schauspiel auf dem Olymp

Wie erlebten Uriot und die Hofgesellschaft die Höhlenlandschaft? Nach dem gelungenen Feuerwerksspektakel am nächtlichen Himmel über dem Schloß lud der sehr zufriedene Vulcanus die Gäste als Kontrastprogramm ein, ihm in seine unterirdische Wohnstätte zu folgen. Unter der Galerie der Gottheiten hindurch trat man in die Höhle ein. Den Anblick, der sich der Gesellschaft bot, beschreibt Uriot: »*Die Natur könnte nicht perfekter imitiert sein. Die unregelmäßige Form der Felsen war überall andersartig; die Durchgänge, sowohl im Erdgeschoß als auch an den Seiten und in den Gewölben aus Felsgestein waren auf so kunstvolle Weise verteilt, daß sie die Wirklichkeit in allen Teilen darstellten.*« Uriot fährt in seiner Beschreibung fort mit der Höhleneinrichtung: der Werkstätte der Zyklopen, ihrer Kult- und Wohnstätte mit Feueraltar, Betten und Küche. Alle Teile waren der antiken Sage nach ihren Bewohnern entsprechend besonders groß gestaltet. Die Betten beispielsweise hatten nach dem Plan 10 Fuß Länge (2,86 m)!

In der labyrinthischen und in geheimnisvolles Licht getauchten Höhle herrschte reges Treiben: Zyklopen schmiedeten Waffen, Vulcanus eilte umher und erteilte seine Befehle. Hier prasselten Feuerstellen, dort rauschten Wasserfälle, Hammerschläge hallten wider. Reptilien und Schlangen *»setzten der Illusion die Krone auf«*, denn sie waren der Natur so realistisch nachgeahmt, daß sie zu kriechen schienen. Die ganze Szenerie erregte bei der Hofgesellschaft einen *»schönen Schauder«* und man kann sich leicht vorstellen, wie man sich in dieser ›Rokoko-Geisterbahn‹ vergnügt gruselte.

Nach der Besichtigung der Höhle des Vulcanus folgte die Fortsetzung des Götterdialogs auf dem Berg Olymp. Dieser war vor der Ahnengalerie mit einer Höhe von 20 Schuh (5,72 m) aufgebaut. Dort hatte sich mittlerweile die Götterschaft plaziert, *»die sich auf Wolken dorthin begeben hatte«*. Dieser ›Götter-Transport‹ erfolgte wahrscheinlich in einem mit Wolken dekorierten Gefährt auf Rädern von der Galerie im Saal (A) über den Gang (B) zum Olymp (H): *B ist ein gang 20 schuh hoch durch solchen die götter nachdeme sie verschwunden nach dem olimpo gehen, und muß dießer in felßen ganz versteckt sein.* Galerie, Gang und Olymp besitzen jeweils dieselbe Höhe von 20 Schuh, also war der ›Gang‹ eine Brücke, über die, wahrscheinlich mittels eines Seilzuges, der Wagen mit den Göttern darin bewegt wurde. Diese Flugvorrichtung und andere benötigte Theatermaschinen wurden vermutlich aus dem Schloßtheater entlehnt, das für derlei barocke Bühneneffekte gut ausgerüstet war (vgl. Scholderer, 1994). Auf Plan 1 sind auf dem Olymp einige der erwähnten Wolken angedeutet.

Zu den Göttern waren als weitere Darsteller zwölf Jünglinge und ein schönes Mädchen hinzugestoßen. Diese Konstellation läßt die Handlung bereits ahnen: Alle zwölf Jünglinge begehrten die Hand der Schönheit. Jupiter löste den Konflikt souverän, indem er anordnete, daß die jungen Männer mit den von den Zyklopen angefertigten Waffen um das Mädchen kämpfen sollten. *»Im selben Moment schleuderte Jupiter seinen Blitz, die Felsen neben dem Olymp öffnen sich und in der Ferne sieht man einen Platz, der für die von ihm angeordneten Kämpfe geeignet ist.«* Bei den zwei Öffnungen neben dem Olymp, durch die man den von Jupiter ›soeben‹ errichteten Kampfplatz erblickte, handelt es sich um die Durchgänge zum mittleren Schloßhof unter der Ahnengalerie. Es sind die auf Plan 2 mit den Buchstaben L gekennzeichneten *öffnungen zur communication vom hinteren mit dem inwendigen schloßhoff.*

Zwischenstation Ahnengalerie

Vor der Beschreibung der Aufbauten und Geschehnisse im mittleren Schloßhof, soll der interessante Übergang dorthin untersucht werden. Uriot beschreibt diese Stelle: *»Nachdem die Hofgesellschaft und das Volk den Hügel zum Olymp hinaufgestiegen waren, durchquerten sie ein Vestibül und eine Galerie; ihre Architektur war nobel und geschmückt war sie mit einer beeindruckenden Anzahl der hervorragendsten Ölgemälde aus der Sammlung des Herzogs.«*

Man scheint also vom ›Olymp‹ aus direkt durch die Fenster in die Ahnengalerie im ersten Stock gelangt zu sein! Auf Plan 1 sind zwei Fensteröffnungen der Ahnengalerie durch kräftige Tönung besonders hervorgehoben – diese waren höchstwahrscheinlich zum Einstieg vorgesehen. Vom 20 Fuß hohen Olymp (= 5,72 m) hätte man die Fenster in 7 m Höhe im ersten Stock der Ahnengalerie mit Hilfe einiger Stufen oder einer Rampe erreichen können. Bei einem Einstieg durch die Fenster wären die Gäste jedoch nicht durch ein *Vestibül* in die Ahnengalerie gekommen, was im Widerspruch zu Uriots Aussage steht. Um jedoch über reguläre Treppenhäuser in die Beletage zu gelangen hätte man einen großen Umweg machen müssen – dies wäre aber kein eleganter Übergang gewesen, somit deutet auch von der Festregie her alles darauf hin, daß man den Einstieg über die Fenster nahm. Denkbar wäre allenfalls noch – abweichend von den gekennzeichneten Fenstern auf Plan 1 – ein Einstieg durch die Fenster des nördlichen Vorzimmers der Ahnengalerie oder der Galerie zum Theater.

Dieser originelle Übergang von einer Attraktion zur nächsten paßt in das Bild der Festarchitektur, dieses riesigen ›Abenteuerspielplatzes‹. Man ging also nicht direkt zu dem angekündigten Kampfplatz, sondern besah quasi ›zwischendurch‹ die repräsentative Galerie mit Ölgemälden aus der herzoglichen Bildersammlung. Unsicher ist, ob Uriot mit den Ölbildern die Ahnenbildnisse meint, die üblicherweise

Ahnengalerie

hier hingen, oder ob speziell für diese Veranstaltung ausgewählte Gemälde aus der damals im Obergeschoß des Neuen Corps de Logis befindlichen Gemäldesammlung Carl Eugens aufgehängt wurden. Diese Sammlung umfaßte im Jahr 1761 2 398 Einzelgemälde, sie scheint allerdings nur von durchschnittlicher Qualität gewesen zu sein.

Die Ahnengalerie war eine raffiniert eingeflochtene Zwischenstation. An dieser Stelle wird besonders deutlich, wie reale Welt und Scheinwelt bei diesem Fest ineinandergreifen. Der Ablauf war perfekt durchorganisiert, nichts wurde dem Zufall überlassen. Die Programmübergänge waren völlig nahtlos, so daß nichts die Gäste aus dem Bann riß, in den sie das Fest zog.

Das ›Volk‹ war übrigens mittlerweile wieder zum exklusiven Kreis der Gäste hinzugestoßen, wann und wie ist nicht bekannt.

Colombas Plan und Programm im mittleren Schloßhof *(Plan 3)*

Dieser Plan zeigt den Grundriß der umfangreichen Aufbauten im ca. 160 x 68 m großen mittleren Schloßhof. Die an den Hof angrenzenden Schloßmauern, der Grundriß der Ahnengalerie sowie ein Maßstab wurden in den Plan aufgenommen. Zu beachten ist, daß damals noch nicht Löwenbrunnen von Nikolaus von Thouret, dem Oberbaudirektor König Friedrichs, im Schloßhof stand. Dafür standen aber noch die beiden, unter König Friedrich entfernten, Ehrenhofbalustraden aus der Zeit Eberhard Ludwigs, die in die Festarchitektur integriert werden mußten.

Auch von Plan 3 ist nur eine Fotografie geblieben, die sich im Württembergischen Landesmuseum befindet. Seine Originalgröße und sein genaues Enstehungsdatum sind nicht bekannt. Der Plan wurde beim Fotografieren leider relativ schlecht ausgeleuchtet, so daß die rechte Seite sehr dunkel ist. Außerdem wurde er nicht flach gespannt, weswegen Falzknicke Verzerrungen bewirken und Nachmessungen erschwert werden. Der Plan trägt die Überschrift ›*Partie des brillantes fêtes données par S.A.S. Ms. le duc regnant Charles de Wurtemberg dans l'interieur des cours du chateau ducal à Louisbourg le 17. fevr. 1764*‹ (»*Ein Teil der von Seiner Durchlaucht dem regierenden Herzog Carl von Württemberg innerhalb der Höfe des herzoglichen Schlosses in Ludwigsburg*

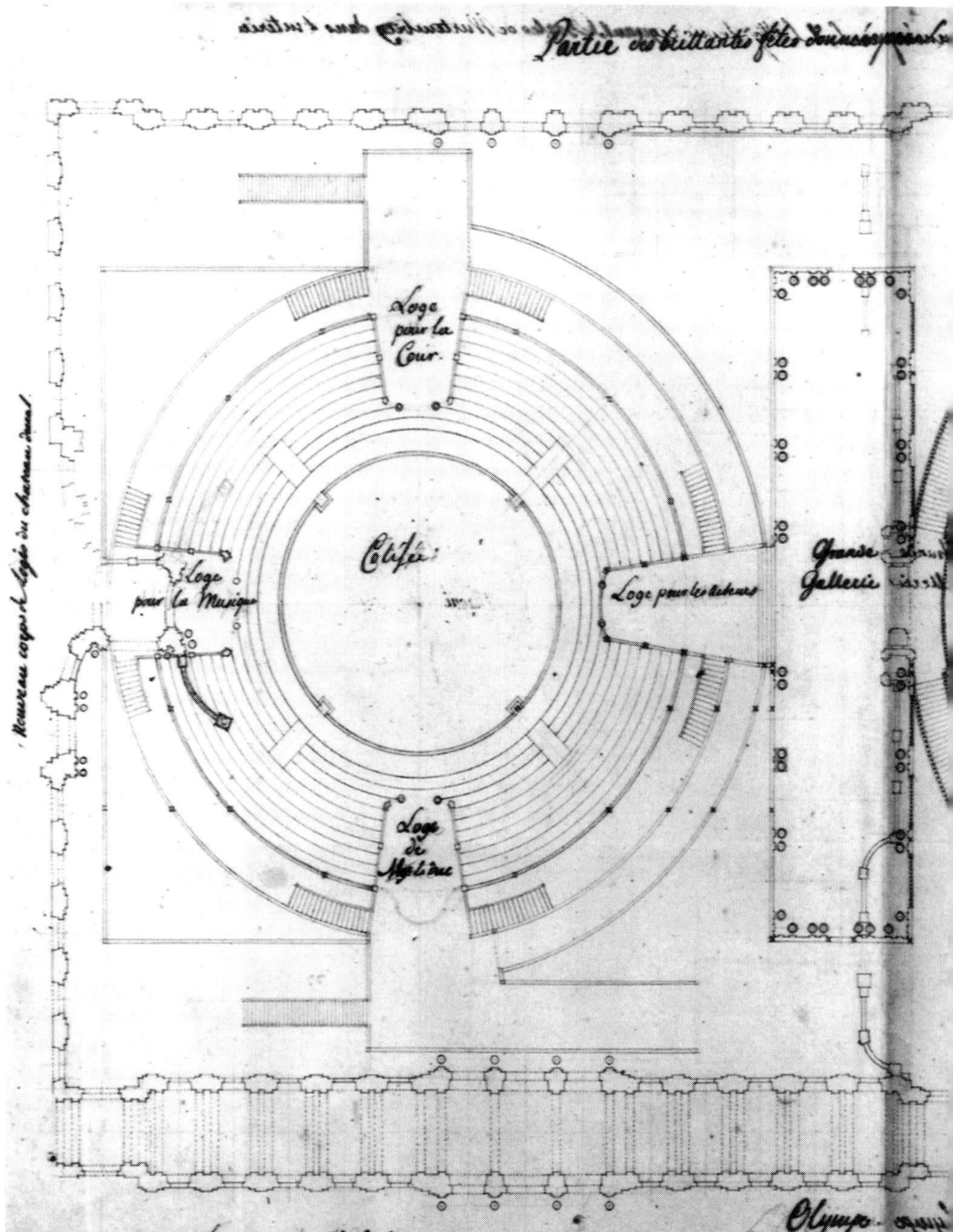

Loge pour la Cour
Colisée
Loge pour la Musique
Loge pour les Acteurs
Loge de Mgr le duc
Grande Gallerie
Olympe

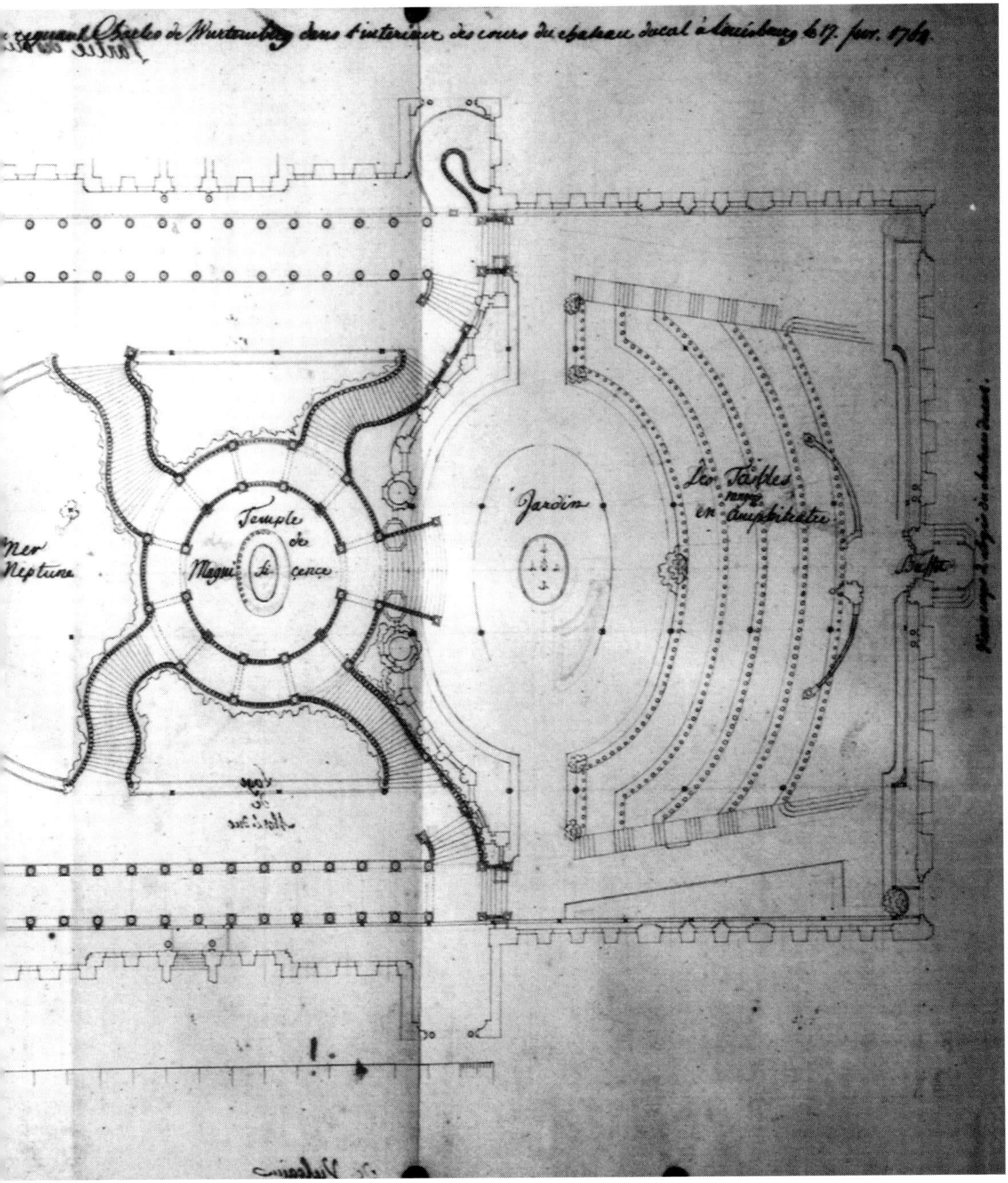

Plan 3 (Festaufbau im mittleren Schloßhof)

am 17. Februar 1764 gegebenen glänzenden Festlichkeiten«). Sowohl bei den zeichnerischen Teilen als auch bei den Beschriftungen ist eine Vorzeichnung mit Bleistift erkennbar, die dann größtenteils mit Tusche nachgezogen wurde.

Plan 3 unterscheidet sich in Beschriftung und Zeichnung durch einige Merkmale von den Plänen 1 und 2: Die Überschrift wirkt feierlich und offiziell, ganz im Gegensatz zu der nüchternen Überschrift des Plan 2; Plan 1 trägt gar keine Überschrift. Die Beschriftung ist französisch, während auf Plan 1 und 2 deutsche Schrift und Sprache verwendet wurden. Die Schrift ist besonders schön und sorgfältig ausgeführt und zeugt nicht von der Handschrift Colombas wie Plan 1 und 2. Die Architektur ist exakt und detailliert gezeichnet, auf Plan 1 und 2 dagegen nur summarisch. Es handelt sich um eine reine Grundrißzeichnung, d. h. es gibt auf diesem Plan keine räumlich-plastischen Hervorhebungen durch hell-dunkel Schattierungen oder perspektivisch dargestellte Teile wie auf den beiden anderen Plänen. Der Plan hat also einen viel repräsentativeren Charakter als die Pläne 1 und 2, die eher als Arbeitsanweisungen mit Maßen und Erklärungen für die Handwerker gedacht gewesen sein könnten. Vermutlich diente Plan 3 zur Vorlage vor dem Herzog. Uriot erwähnt zwar als Urheber der Festarchitektur nur Colomba, aber mit großer Wahrscheinlichkeit wurde dieser Plan mit Unterstützung von Hofarchitekt La Guêpière angefertigt – die Handschrift kann eindeutig ihm zugeordnet werden.

Ausstieg aus der Ahnengalerie

Vermutlich gelangte die Gesellschaft auf dieselbe Weise aus der Ahnengalerie hinaus wie sie hineingelangt war – durch die Fenster. Dahingehend kann Uriots Beschreibung gedeutet werden: *»Sie [die Galerie] führte generell zum Kolosseum und speziell in die herzogliche Loge.«* Die Ahnengalerie wurde in Plan 3 im Ganzen aufgenommen, was darauf hinweist, daß sie für den Festverlauf, nämlich den Übergang vom hinteren in den mittleren Schloßhof, wichtig war. Die Dekorationen des hinteren Schloßhofes sind auf dem Plan angedeutet mit den Bezeichnungen *Forges de Vulcain* (Schmieden des Vulkans), *fours* (Öfen) und *Olympe*. Leider gibt es keine Hinweise durch welche Fenster die Festgesellschaft gegebenenfalls aus der Ahnengalerie hinausstieg. Dies läßt sich auch darauf zurückführen, daß das Erdgeschoß der Galerie gezeichnet wurde und nicht die Beletage, um die es bei dieser Frage geht. Es scheint jedoch auch hier logisch, daß man nicht den Umweg über die Treppenhäuser auf sich nahm, sondern die zwei Fenster und die Türöffnung über den drei Durchgängen zum Ausstieg auf die davor aufgebaute Plattform benützte, denn so würde man, wie Uriot es beschreibt, direkt in die Herzogsloge kommen. Allerdings dürfte dieser Ausgang wiederum nur der feinen Hofgesellschaft vorbehalten gewesen sein, der auch Plätze in den Logen zugedacht waren. Das Volk wurde wahrscheinlich wieder auf anderen Wegen in die nächste Festdekoration geführt. Die Fenster des ersten Stockwerks der Ahnengalerie liegen auf 7 m, die Türe in der Mitte liegt auf 6 m Höhe. Demnach müßte die davorliegende Plattform zirka 6 m hoch gewesen sein und die 32 Treppenstufen, die südlich zur Plattform hinaufführen, hätten dann eine Höhe von jeweils 18,75 cm, was im üblichen Rahmen liegt. Der Höhenunterschied zu den Fenstern könnte mit einigen Stufen und unter Hilfeleistung von Dienern überwunden worden sein.

Kolosseum

»Das Kolosseum entsprach genau der Vorstellung die wir von den mächtigen Bauten haben, in welchen die römischen Kaiser, und vor allem Vespasian [9–79 n. Chr., Erbauer des Kolosseums in Rom], einst ihre Großartigkeit bewundern ließen. Erhabenheit war der Charakter der Architektur dieses Kolosseums.«

Als Kontrastprogramm zur wilden Naturlandschaft im hinteren Schloßhof fand man sich hier in einem Bau wieder, der in seiner Ordnung und Symmetrie die menschliche Hochkultur repräsentierte. Das Kolosseum war das größte Bauwerk der Festarchitektur. Auf dem Plan ist es mit *Colisée* bezeichnet. Es füllte mit einem Durchmesser von 190 Fuß (ca. 54 m) beinahe den gesamten Ehrenhof vor dem Neuen Corps de logis aus.

Arena und Zuschauerraum

Zentrum des Kolosseums ist die Arena mit einem Durchmesser von 80 Fuß (ca. 23 m), umgeben von einer Wand oder Mauer, in die vier Pfeiler eingelassen sind. Dahinter erheben sich ein breites

Podium und zehn als Zuschauerränge dienende Stufen. Vier Stichgänge münden in den Zuschauerraum. Die höchste Stufe des Amphitheaters wird wieder mit einer Mauer abgeschlossen, hinter der ein breiter Umgang liegt. Von diesem führen jeweils zwei Treppenaufgänge zu vier Logen, von denen drei mit einem weiteren Umgang verbunden sind. Die Logen ragen über acht Stufen in den Zuschauerraum.

Das Kolosseum bot laut Uriot 4 000 Zuschauern Platz! In der Mitte der Arena stand ein Obelisk und unter dem von toskanischen Pilastern gezierten Podium befanden sich Gewölbe, in denen die Kampftiere eingeschlossen waren.

Ob hier wirklich Kampftiere zum Einsatz kamen und welche es gegebenenfalls waren, darüber verrät Uriot leider nichts.

Logen und Überdachung

Die Logen waren folgendermaßen zugeteilt: *»Eine davon war bestimmt für S.A.S. und die Damen« [Loge de Msr. le Duc], »eine andere für die Gottheiten des Olymps und die junge Schöne, welche zwischen Amor und Venus saß, bevor sie der Lohn des Siegers werden würde« [Loge pour les acteurs]; »die wichtigsten Personen des Hofes belegten die dritte« [Loge pour la Cour]; »und die vierte war für die Pauker und Trompeter vorgesehen, welche seit dem Eintreten des Herzogs spielten bis alles sich auf seine Plätze begeben hatte« [Loge pour la Musique].*

Die Musikerloge, die der Breite des Balkons vor dem Neuen Corps de Logis angepaßt wurde, muß etwas niedriger gewesen sein als die anderen Logen, denn von ihr führen nur zehn Treppenstufen zum Umgang hinunter, von den anderen jeweils sechzehn. Unter der Musikerloge hatte man zwischen vergoldeten Figurengruppen einen großen Spiegel aufgestellt, der das Geschehen ›aufzeichnen‹ sollte. Dieser geheimnisvolle Spiegel wird zu einem späteren Zeitpunkt noch einmal auftauchen.

Alle Logen wurden von korinthischen Säulen getragen, waren großartig geschmückt und ihre Decken mit Motiven bemalt, *»die auf den siegreichen Amor anspielten«*. Nicht nur die Logen waren überdacht, sondern sogar das gesamte Kolosseum, denn *»gekuppelte Säulen in ionischer Ordnung trugen in wohlproportionierten Abständen das Kranzgesims auf welchem das ganze Dach ruhte.«*! In der Mitte wurde das Dach von den vier Stützpfeilern am Rande der Arena getragen, die dem Anlaß entsprechend mit *»Trophäen der Waffen von Ringkämpfern und Gladiatoren«* geschmückt waren.

Kampf & Sieg – Überleitung zum nächsten Schauplatz

Wie anfangs im Jardin privé, dann im Aufbau des hinteren Schloßhofes, war die Gesellschaft auch im Kolosseum durch die Überdachung zwar nicht völlig der Witterung ausgesetzt (es ist Februar!), beheizbar waren in diesem riesigen Bau aber höchstens die Logen. Dies mag ein Grund gewesen sein, daß man nicht lange im Kolosseum verweilte. Dieses läßt sich zumindest daraus folgern, daß Uriot das eigentliche Spektakel gar nicht beschreibt, sondern nur beiläufig erwähnt: *»Während des ganzen Kampfes vergoß das junge Mädchen unentwegt Tränen über die Gefahren, welchen die Kämpfer ihrer Schönheit wegen ausgesetzt waren, am Ende des Kampfes brachte man den Sieger in ihre Loge.«* Über die Umstände und den Verlauf des Kampfes der Jünglinge mit den wilden Tieren erfahren wir also nichts Näheres.

Nachdem der Chor der Götter dem Liebespaar seine Gratulationen gesungen hatte, forderte Jupiter den Liebesgott Amor auf, für das frischgebackene junge Paar einen *»zauberhaften Wohnsitz«* einzurichten: *»Führt sie in den Palast, den Ihr für sie errichtet habt!«* Amor ließ sich nicht lange bitten und schoß einen Pfeil auf den Hintergrund der Loge, der augenblicklich verschwand und den Weg zum nächsten Festgebäude freigab ...

Große Galerie

Der nächste Raum war jedoch – um die Spannung zu erhöhen – noch nicht der angekündigte zauberhafte Palast des jungen Paares, sondern wieder eine Art ›Zwischenraum‹ – die »Große Galerie«. Diese ist auf dem Plan als längliches Rechteck mit der Bezeichnung *Grande Gallerie* zu finden. Sie schließt mit ihrer Längsseite unmittelbar nördlich an das Kolosseum an. Von der *Loge pour les acteurs* führt eine vierstufige Treppe in dieses 172 Fuß lange und 38 Fuß breite (ca. 50 x 11 m) Gebäude. Die Galerie überschneidet sich mit der südlichen Ehrenhofbalustrade, die der Planverfasser detailliert eingezeichnet hat. Der Plan zeigt die Beletage der Galerie, die in etwa 5 m Höhe liegt, wenn man eine Treppenstufenhöhe mit 18 cm annimmt. Die Wände der Galerie sind regelmäßig gegliedert durch jeweils vierzig gekuppelte Säulen und Pilaster. Tür- oder Fensteröffnungen sind an den Wänden durch gestrichelte Linien gekennzeichnet. An der nördlichen Wand sind zwischen den Säulenpaaren große Öffnungen mit Balustraden. Der Ausgang der Galerie führt auf einen leicht gebogenen Balkon, von dessen Seiten elegant geschwungene Treppen mit jeweils 28 Stufen in den Hof hinabgehen.

Bevor Uriot mit der Beschreibung der Großen Galerie und der folgenden Gebäude beginnt, setzt er den Leser ausdrücklich davon in Kenntnis, daß *»alle Geländersäulen, ein Großteil der Säulen, alle Basen und Kapitelle, die Kranzgesimse und die Verzierungen der Architekturteile, die im folgenden beschrieben werden, vollkommen vergoldet waren«*. Die Säulen der Galerie waren von korinthischer Ordnung und trugen das Dach, dessen Mittelpunkt eine ovale Kuppel bildete. Der Plafond war aufwendig mit Malereien verziert. Auch die Wände und die Kuppel waren malerisch mit Szenen aus Anakreons heiteren Dichtungen und der Geschichte von Amor und Venus ausgestaltet.

Außenfassade der Großen Galerie

Uriot liefert eine ausführliche Beschreibung von der reich geschmückten nördlichen Fassade der Galerie: Das Hauptgeschoß wurde geziert von gekuppelten korinthischen Säulen aus weißem Marmor, einer Balustrade *»von feinstem Geschmack«* und von bronzenen Figuren, die Meeresgottheiten darstellten. Der Unterbau wurde von gekuppelten dorischen Pilastern aus Tuffstein geschmückt, an denen Ornamente angebracht waren, die *»verschiedene Meereserzeugnisse«* imitierten. Auf die Panneaux (Flächen zwischen den Säulen) waren Arethusa und andere in Quellen verwandelte Nymphen gemalt, *»deren Wasser in unterschiedlich geformte Muscheln fiel«*. Die Freitreppe war in Jaspis gearbeitet, einem speziell in Württemberg vorkommenden Halbedelstein aus undurchsichtigem, feinkörnigem Quarz. Unter dem Balkon war ein kunstvoller Springbrunnen mit filigranen Kaskaden angelegt, *»die das Ohr und das Auge gleichsam ergötzten«*. Der Brunnen besaß die Gestalt einer Höhle aus Tuffgestein mit mehreren Öffnungen. In der Mitte der Höhle stand eine Figurengruppe aus Tritonen und Najaden*,

* Tritonen: Meeresgottheiten, halb Mensch, halb Delphin; Söhne Poseidons und seiner Frau Amphitrites; Najaden: Quell- und Flußnymphen.

die Wasser in verschiedene Höhen spritzten, das über die Vorsprünge des Grottenwerks herabfiel. Seitlich der großen Höhle befanden sich noch zwei kleinere Grotten, in denen Kinderfiguren anmutig das Wasser verspritzten.

Am Fassadenschmuck ist ein neues Thema ablesbar: alles drehte sich hier um das Meer. Die Dekoration nahm zunehmend heiteren und verspielten Charakter an. Die Schwere und Erhabenheit des Kolosseums und der Galerie lösten sich in leichten, graziösen Formen auf, die kennzeichnend für das Rokoko sind. Ein besonders typisches Merkmal dieses Stils ist die Muschelwerk-Ornamentik (›Rocaille‹).

Man könnte eine Korrelation zwischen Dekorationsprogramm und Publikum vermuten: Zum Kampf im Kolosseum wurde sicherlich eine große Anzahl von Menschen hereingelassen oder hereinzitiert, denn das 4 000 Personen fassende Amphitheater konnte wohl nur bei entsprechender Besetzung seine pompöse Atmosphäre entfalten. Das nachfolgende Festprogramm war jedoch wieder der engeren Hofgesellschaft von ungefähr 400 Personen vorbehalten. Vor dem Volk (im Kolosseum) wurden Größe und Macht des Fürsten demonstriert, vor gleich- oder höhergestellten Personen wurden außerdem Charme und Phantasie gezeigt.

Von der Großen Galerie aus erblickte man den Zauberpalast und seine Gärten, die Amor für das Liebespaar errichtet hatte. Das von Uriot »Zauberpalast« genannte Gebäude ist auf dem Plan mit *Temple de Magnificence* bezeichnet. Den Namen *Temple de Magnificence* hat man also noch einmal geändert. Der Grund war vielleicht, daß es im Jahr zuvor bereits einen »Tempel der Pracht« gegeben hatte und daher ein neuer Name gefunden werden mußte.

Beim Erscheinen des jungen Paares auf dem Balkon der Galerie sangen die Götter im Chor: *»Dies ist der Palast, den Amor euch auf den Befehl Jupiters errichtet hat. Neptun überließ ihm diesen Teil seines Reiches um euer Vergnügen zu vergrößern. Dieser Tag, der der glorreichste und begütertste eures Lebens ist, ist auch derjenige, an dem die Götter einem Sterblichen das Leben schenkten, der seinem Volk das Glück bringt.«* Dies war die Einladung an alle Gäste, dem Paar die Treppe hinab zu folgen und mit musikalischer Begleitung durch die sich vor der Galerie ausbreitende Landschaft zu promenieren.

Umgebung des Zauberpalastes

Auf den Seiten 133 bis 145 seines Berichtes ›eilt‹ Uriot in schnellen Schritten durch alle restlichen Aufbauten des mittleren Schloßhofes. Dabei ist es nicht leicht ihm zu folgen, denn er springt oft ziemlich unvermutet von einem Segment zum nächsten. Er beschreibt aus nicht erkennbaren Gründen einige Teile sehr kurz, andere relativ lang. Zudem schildert er mehrere Teile, die auf dem Plan nicht eingezeichnet sind. Die Gefahr der Verwirrung des Lesers erkannte auch Uriot und rät selbst zu besonderer Aufmerksamkeit: *»Ohne die notwendige Vorsicht, die der Leser walten lassen muß, überkreuzen sich die Objekte oder sie vermischen sich in seiner Vorstellung, und indem ich ihm mehrere auf einmal vorstellen will, hindere ich ihn vielleicht daran sie unterscheiden zu können.«* Beim Lesen des gemeinten Abschnittes gewinnt man den Eindruck, die Gäste hätten im Laufschritt die Anlagen passiert. Vielleicht war dieses Tempo sogar beabsichtigt, um die Gäste in ständiger Bewegung zu halten, denn man hielt sich ja nun schon geraume Zeit in nicht oder schlecht geheizten Räumen bzw. im Freien auf – und das mitten im Winter. Erst ganz am Ende des nun folgenden Rundgangs wartete wieder ein überdachter und wahrscheinlich geheizter Raum auf die Gesellschaft: der Zauberpalast, in dem man das Nachtessen einnahm.

Um die ›Verfolgung‹ der Hofgesellschaft auf ihrem weiteren Gang durch die Festanlagen zu erleichtern, sei immer wieder ein Blick auf den nebenstehenden Plan empfohlen, dort habe ich den Weg grob eingezeichnet, ebenso wie die in der Beschreibung, nicht aber auf dem Plan vorkommenden Teile.

Garten

Die Gäste stiegen die östliche Freitreppe der Großen Galerie hinab. Zu ebener Erde angelangt, befanden sie sich in einem hübschen illuminierten Garten mit Buchs-, Taxus- und Orangenbäumchen und einem Broderie-Parterre. *»Der Email der seltensten natürlichen Blumen bot überall, begleitet von zartem Duft, die gefällige Vielfalt der Farben des Frühlings …«* schwärmt Uriot von diesem Garten, der im Plan nicht eingezeichnet ist, ebensowenig wie sein Pendant auf der gegenüberliegenden westlichen Hofseite. Er muß zwischen der Treppe der Großen Galerie und der Ahnengalerie gelegen haben. Seine Größe ist nicht bekannt. Wahrscheinlich bezog man in diesen Garten die

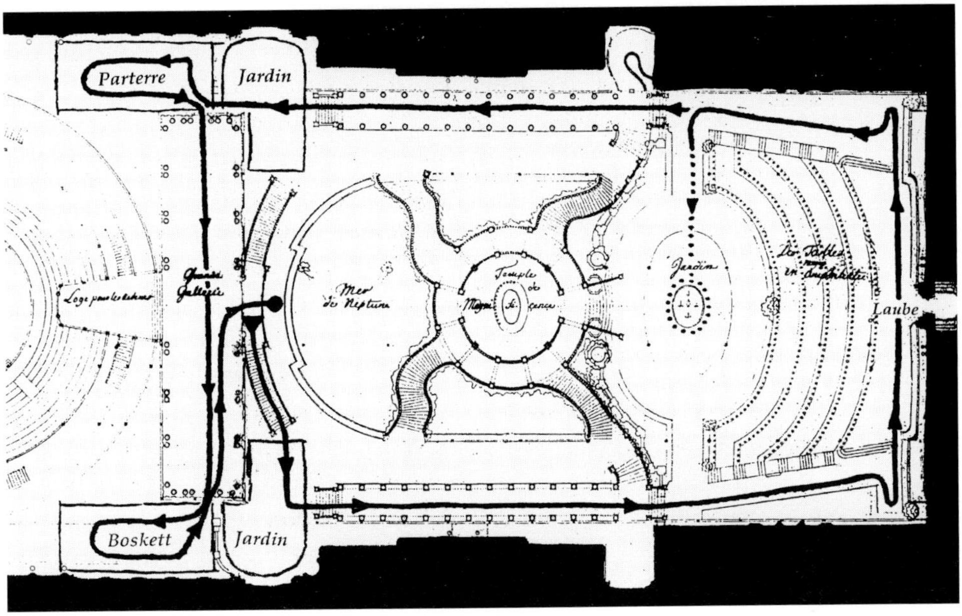

Umgebung des Zauberpalastes mit Ergänzungen und dem Weg der Hofgesellschaft

intime Nische mit Steinfigur am südlichen Ende des Kavaliersbaus optisch mit ein. Nach Süden hin könnte die Ehrenhofbalustrade als Abschluß gedient haben.

Schmale Galerie

Von diesem Garten aus betrat die Gesellschaft wieder eine Galerie. Diese liegt vor dem östlichen Kavaliersbau des Schlosses und ist ca. 50 m lang und 5 m breit. Auch sie hat eine Entsprechung auf der gegenüberliegenden Hofseite. Die Treppenaufgänge an den schmalen Seiten der Galerie haben jeweils sechs Stufen und ein Balustradengeländer. Die Galerie selbst besteht aus zwei parallelen Säulenreihen von je vierzehn Säulen. Zwischen den zwei nördlichsten Säulen führt eine breite, gebogene Treppe zu den Aufbauten in der Mitte des Schloßhofes. Entlang der westlichen Seite der Galerie verläuft eine Wand, die sich bis zum Alten Corps de Logis fortsetzt. Entsprechend ist auf der westlichen Hofseite eine Wand angebracht und auch vor der Fassade des Alten Corps de Logis. Diese Wände waren vermutlich kulissenartig bemalt, vielleicht als Garten. Oder sie sollten den Blick auf das Schloß verdecken, um die Gäste in verwirrender Desorientierung zu halten. Womöglich dienten sie auch der Überspannung des Platzes mit einer Überdachung?

Details der Dekoration der Galerie verrät Uriot: *»Die Galerie bestand aus 28 ionischen Säulen aus weißem Marmor und der Boden war aus sehr kunstvoll gemustertem Mosaik gemacht. In den Säulenabständen waren große Medaillons angebracht, welche die berühmtesten Kaiser, Könige und Helden in Bronze darstellten. Über dem Kranzgesims war eine Balustrade gemalt, auf der goldene, mit sämtlichen Sorten perfekt imitierter Blumen gefüllte, antike Vasen standen. Die Decke war mit goldenen Architekturmotiven geziert.«*

Grünes Amphitheater – Gartenlaube

Es folgte nun die Besichtigung der Hofpartie, die vom Alten Corps de Logis, dem Ordens- und dem Riesenbau eingefaßt wird.

»Wenn man diesen Säulengang verlassen hatte, stieg man einen sanften, 17 Fuß breiten Hang hinauf, unter fünf Reihen von Blumenlauben hindurch, die amphitheatralisch angelegt eine Ellipse beschrieben.«

Der *»sanfte Hang«* ist auf dem Plan erkennbar als eine Rampe, die bis zu der Wand vor dem Alten Corps de Logis ansteigt. Diese Rampe und ihr Gegenstück auf der anderen Hofseite verlaufen seitlich eines fünfstufigen Amphitheaters, das auf dem Plan beschriftet ist mit *Des Tables rangées en amphitheatre* (amphitheatralisch aufgestellte Tafeln).

Die Ränge des Amphitheaters bestanden aus Blumenlauben, daher die Bezeichnung *»Amphithéâtre de Verdure«* (Grünes Amphitheater). Unter den Lauben waren *»fünf Tafeln für mehr als 350 Personen aufgestellt«*.

Die höchste Stufe des Amphitheaters überschneidet sich mit der bogenförmigen Balustrade der Unterfahrt vor dem Alten Corps de Logis. Die Stufen sind, außer der höchsten, jeweils 12 Fuß (3, 4 m) breit. Auf jeder Stufe sind an einer parallel zu den Rängen verlaufenden Linie insgesamt 309 kleine Kreise wie an einer Perlenkette aufgereiht, die vermutlich die Personen andeuten, die hier an den Tafeln sitzen sollten. Wahrscheinlich liegt die höchste Stufe des Amphitheaters auf einer Höhe mit dem Balkon vor dem Alten Corps de Logis. Wenn man die Balkongitter abgenommen hatte, war eine Kommunikation mit dem Schloß möglich. Der Planverfasser notierte in den Eingang vom Balkon zum Gardesaal im Schloß das Wort *Buffet*. Dort scheint ein kleines Vestibül eingebaut worden zu sein. Jeweils rechts und links davon ist ein Durchgang zu einem dreistufigen Aufbau zu erkennen – vielleicht stellt dieser das Buffet dar, auf dem Speisen und Erfrischungen für die Gäste vorbereitet waren. Getafelt wurde jedoch später, erst setzte man die Besichtigung fort.

In den beiden nördlichen Schloßhofecken befindet sich jeweils eine dreistufige Kaskade mit muschelartigen Becken. *»Ging man von dort [östliche Kaskade] aus entlang der Laubengänge fand man in der Mitte eine Gartenlaube, auf deren Boden man einen Spiegel von überraschender Größe gelegt hatte, welcher alle Teile des Festes seit der großen Loge des Kolosseums zeigte und das Ausmaß und die Schönheit des Schauspiels verdoppelte!«* Die beschriebene Gartenlaube mit dem großen Spiegel ist, wie alle Gartenelemente, nicht in den Plan aufgenommen. Da die Laube in der Beschreibung direkt auf die Kaskade folgt, ist anzunehmen, daß sie sich auf dem Balkon des Alten Corps de Logis befand. Hier tauchte der magische Spiegel wieder auf, der das Geschehen seit dem Kampf im Kolosseum ›aufzeichnete‹ – vermutlich waren auf den Spiegel verschiedene Szenen des Festes gemalt.

Ovaler Garten – Schmale Galerie – Garten

Über den westlichen Hügel des Amphitheaters stieg die Gesellschaft wieder zu ebener Erde hinab und betrat über einen breiten Weg den ovalen Garten zu Füßen des Amphitheaters. Dieser Garten ist als einziger der vielen Gärten der Festanlage in seinen Grundzügen im Plan eingezeichnet und mit *Jardin* beschriftet. Das Zentrum des Gartens wird beherrscht von einem ovalen Wasserbassin mit fünf Fontänen. Die restliche Einteilung des Ovals in vier gleiche breitumrandete Felder ist mit Bleistift im Plan skizziert.

Uriot beschreibt den ovalen Garten näher: Unterhalb des Amphitheaters entsprangen fünf Wasserfälle *»aus Grottenwerk und Muschelarbeit«*. Das Rauschen ihres in mehreren Etappen und symmetrischen Figuren herabfallenden Wassers *»erweckte eine zarte Träumerei«*. Von den fünf Fontänen des Wasserbassins schossen die mittlere 30 Fuß (ca. 8,6 m), die anderen 25 Fuß (ca. 7 m) hoch! Das Gartenoval wurde von einem niedrigen Obstbaumspalier gesäumt, das voller Früchte verschiedener Sorten hing. Im Innern war ein Blumenparterre, in dem *»alle Blumen des Frühlings reichlich versammelt waren und für Blumensträuße dienten, die der Herzog bei den Gedecken der Damen aufstellen ließ, die mit ihm speisen würden.«*

Vom ovalen Garten aus führt eine ausladende Marmortreppe hinauf zum Zauberpalast, doch bevor man endlich zu diesem hinaufgehen würde, ›umkreiste‹ man ihn noch eine Weile und bestaunte das Wunderwerk von außen. Die Gesellschaft verließ den ovalen Garten wieder durch den westlichen Ausgang, durchschritt die westliche schmale Galerie und gelangte wieder in einen Garten, der genau dem auf der anderen Hofseite glich.

Parterre – Laubengänge unter der Großen Galerie – Boskett

Die nun folgenden Teile sind im Plan nicht eingetragen oder befinden sich im Verborgenen. Es handelt sich wieder um gärtnerische Elemente, die der Verfasser grundsätzlich nicht in den Plan aufgenommen hat. Somit ist man auf Uriots knappe Mitteilungen angewiesen: *»Von hier [westlicher Garten] erreichte man ein sehr anmutiges Parterre von 72 Fuß Länge und 36 Fuß Breite. War man hindurchspaziert, trat man unter Laubengänge, welche unter der Großen Galerie angelegt waren, um am anderen Ende in ein Boskett zu gelangen, welches auf einer gleichen Fläche wie das Parterre angelegt war, das man soeben gesehen* *hatte.«* Auf den Garten folgte also ein nicht näher beschriebenes ›Parterre‹, wohl ein Blumen- oder Broderie-Parterre. Dieses muß südlich der Ehrenhofbalustrade entlang der Bildergalerie des Schlosses gelegen haben. Dementsprechendes gilt für das Boskett, eine Art ›Lustwäldchen‹, auf der gegenüberliegenden Seite des Schloßhofes. Parterre und Boskett waren jeweils 72 x 36 Fuß (20 x 10 m) groß und durch einen Laubengang unter der Großen Galerie verbunden.

Nach der Besichtigung des Bosketts, über das nichts Näheres bekannt ist, gingen die Gäste wieder unter der Großen Galerie hindurch bis zu der Grotte unter dem Balkon und traten von hier wieder hinaus, *»geradewegs auf das Meer zu«* ...

Der Zauberpalast im Meer des Neptun

Das ›Meer‹, an dessen Ufer die Hofgesellschaft nun stand, ist auf dem Plan als *Mer de Neptun* bezeichnet. Es handelte sich um ein riesiges, mit einer doppelten Mauer eingefasstes Wasserbecken in der Form eines großen ›U‹. *»Das ganze Meer war umgeben von Eiben, Orangenbäumen und echten Blumen, und man sah an seinen Ufern mehrere Sorten von Muscheln, Korallen und Fischen, welche es dorthin geworfen hatte.«* Vier schön gestaltete Springbrunnen ragten aus Meer. Sie bestanden aus Figuren, die die vier großen Flüsse der Erde darstellten (Nil, Donau, Ganges und Rio de la Plata). Auf Felsen stehend stützten sie sich auf ihre Urnen, aus denen sich unaufhörlich Wasser ins Meer ergoß.

Dies war die Kulisse für das nächste Spektakel der Götter: In Begleitung von Tritonen und Najaden näherte sich der Meeresgott Neptun in einer großen Muschel auf einem prächtigen Thron sitzend den Zuschauern am Meeresufer. Alle Darsteller waren *»nach dem von der Dichtung überlieferten und von den Malern bestätigten Kostüm gekleidet.«* In der Mitte des Meeres angekommen, sang Neptun einige Verse, die Uriot gedichtet hatte – *»ohne Poet zu sein, nur aus Gehorsam gegenüber dem Befehl des Herzogs«* – und das Gefolge des Meeresgottes stimmte eine *»Musique Marine«* an. Zum Klang dieser Musik, *»deren Einzigartigkeit und Vollendetheit ein unvorstellbares Vergnügen bereiteten«*, stiegen die Gäste endlich zum Herzstück der Festarchitektur, dem Zauberpalast, hinauf.

Äußeres des Zauberpalastes

Zunächst wieder ein Blick auf den Plan: Der Zauberpalast ist ein runder Bau, der mitten im Wasserbecken steht und über fünf große Treppen zugänglich ist. Die Treppe zum ovalen Garten hin hat 14 Stufen und eine symmetrische Form, während die vier anderen jeweils 28 Stufen und unregelmäßige Formen haben. Demnach müßten die Stufen der nördlichen Treppe, die sich mit der nördlichen Ehrenhofbalustrade überschneidet, doppelt so hoch sein wie die der anderen Treppen. Entlang dem Umriß des Rundgebäudes und der Treppen ist mit einer unregelmäßig-zackigen Linie der Unterbau der Anlage skizziert.

Uriot beschreibt den Anblick: *»... man sah mit Bewunderung die goldenen Felsen und die Kristalle auf welchen der Palast errichtet war. Deren unregelmäßige Formen und die Gewölbe, welche man kunstvoll angelegt hatte, gaben diesem Schauspiel einen Hauch von Verzauberung, was durch eine riesige Zahl von Lampions noch gesteigert wurde.«* Durch die mehrfache Spiegelung des Lichts in den Facetten der goldenen Felsen und Kristalle und im Wasser war die Wirkung des Palastes sicherlich zauberhaft! Der Palast wurde von Pfeilern getragen, *»denen die Kunstfertigkeit die natürliche Form einer Palme gegeben hatte«*. Diese Palmensäulen verstärkten noch die Illusion einer wunderbaren Insel im Meer.

Im Zauberpalast – Tafel

Der Zauberpalast beschreibt im Grundriß einen Ring aus zwei konzentrischen Säulenreihen mit jeweils 24 durch Balustraden verbundenen Säulen. Der Bau hat einen Durchmesser von 74 Fuß (ca. 21 m). Das Zentrum ist ein Saal von 50 Fuß (ca. 14 m) Durchmesser, in dessen Mitte ein kleineres und ein größeres Oval konzentrisch eingezeichnet sind. Am inneren Rand des größeren Ovals sind kleine Kreise aufgereiht.

Mit Hilfe Uriots können die Teile näher gedeutet werden: *»Der Palast wurde gestützt von einer doppelten Reihe von korinthischen Säulen, die eine Galerie bildeten, deren Decke in goldenem antiken Mosaik gemalt war. Die Kuppel, die 50 Fuß Durchmesser hatte, war ganz mit kreisförmig angeordneten Spiegeln überzogen. 79 Kronleuchter und 48 Wandleuchter, alle aus Kristall, erleuchteten das Palais, in dessen Kuppel sich das Licht unendlich vervielfachte, ebenso wie in dem großartigen Tafelaufsatz, der sich in der Mitte der Tafel befand. Dieser Tafelaufsatz kam aus einem 17 Fuß langen und 11 Fuß breiten Wasserbecken.«*

Das innere Oval in der Mitte des Saales war also ein Wasserbassin von 5 m Länge und 3 m Breite, aus dem ein Tafelaufsatz aus Porzellan ragte. Demnach ist der ovale Ring um das Wasserbecken die Tafel selbst und die kleinen Kreise bezeichnen die etwa 35 Personen, die hier speisen sollten. Rechnet man zu diesen Personen die Musiker und die Bediensteten hinzu, war der Raum schon ziemlich voll. Vermutlich speisten im Zauberpalast nur der Herzog und die Damen, die restlichen Gäste jedoch im Grünen Amphitheater, wo für mehr als 350 Personen gedeckt war. Ähnlich war die Platzaufteilung beim letztjährigen Fest gewesen: 31 Personen speisten im »Palast der Pracht« mit dem Herzog, während die übrigen 400 Gäste außerhalb speisten.

Dem Tafelaufsatz widmet Uriot eine sehr ausführliche Beschreibung. Er war von Kunsthandwerkern der Ludwigsburger Porzellanmanufaktur speziell für dieses Fest angefertigt worden. Diese hatten ihre ganze Kunstfertigkeit aufgeboten um mit einer Vielzahl an Formen, Figuren und Wasserspielen das Thema ›Meer‹ fortzuführen.

Wettstreit der Götter – Goldene Treppe

Kaum hatten die Gäste im Zauberpalast beziehungsweise im Grünen Amphitheater gespeist und sich von den Feststrapazen ausgeruht, wurden sie schon zum nächsten Schauplatz gelotst. Noch während des Desserts hörten sie von draußen einen Lärm, der sie hinaus auf die Galerie des Palastes lockte: stürmische Winde wühlten das Wasserbecken auf! Doch da kam auch schon Neptun unter den Felsen hervor und gebot dem Sturm singend Einhalt. Voller Stolz auf seine Macht erklärte er sodann – herausfordernd an die Adresse des Amor gerichtet – man hätte das herrliche Fest allein *ihm* zu verdanken. Dies mußte den sofortigen heftigen Widerspruch Amors hervorrufen, der sich unter die Gäste auf der Galerie gemischt hatte: *»Was wagst Du zu sagen? Vergeblich forderst Du diese höchste Ehre an diesem glücklichen Tag, Neptun. Begreife und siehe sogleich, daß der Macht des Amor niemals Grenzen gesetzt sind!«* Diese kühne Behauptung stellte er sogleich unter Beweis und flog von der Galerie zu Neptun hinab, entriß ihm seinen Dreizack und schwebte weiter zu einer Nische der westlichen schmalen Galerie. Dort zerschlug er eine Adonisstatue, hinter der sich ein Vorhang erhob und eine große goldene Treppe zum Vorschein brachte.

Ein Blick auf den Plan zur Orientierung: Die besagte Treppe befindet sich in der Nische zwischen Ordensbau und westlichem Kavaliersbau. Sie beschreibt einen engen Bogen in der Nische und mündet in die zwei südlichen Fenster im ersten Stock des Ordensbaus. Sie ist ähnlich unregelmäßig geformt wie die Treppen des Zauberpalastes. Vor dem Zugang zur Treppe ist ein kleines Rechteck eingezeichnet, das vermutlich den Standort der Adonisstatue anzeigt. Die Treppe, *»welche von Wolken getragen wurde und die Hofgesellschaft in den Saal des großen württembergischen Ritterordens [Ordenssaal] führte«*, mußte den Höhenunterschied von der 1 m hohen Galerie zu den 6 m hohen Fenstersimsen überwinden. Hinter den Fenstern lag allerdings noch nicht der Ordenssaal selbst, sondern das Treppenhaus des Ordensbaus. Man mußte deswegen auch innen ein Gerüst aufbauen, auf das die Gäste steigen konnten. Aber da bei diesem Fest nun wirklich keine Kosten und Mühen gescheut wurden, war dies ein vergleichsweise lächerlicher Aufwand.

Hier endet die Beschreibung der Dekorationen und Ereignisse im mittleren Schloßhof, soweit dies aus Plan 3 und dem Bericht Uriots möglich war. Doch das Fest war hier noch lange nicht beendet, noch waren nicht alle Trümpfe ausgespielt. Vom Meer des Neptun wurden die Gäste in den Himmel geführt ...

Ball im Empyreum

Der nächste Festschauplatz war der Ordenssaal, der für den Ball vorgesehen war. Die Beleuchtung des Saales muß besonders strahlend gewesen sein, denn er stellte ein Empyreum dar, *»in dem sich alles Himmelslicht vereint zu haben schien«*. Für die Götter hatte man wieder eine Galerie errichtet, die rund um den Saal verlief. Sie wurde von zwölf korinthischen Säulen und Pilastern getragen, *»deren Glanz die Augen blendete«*. Vermutlich wurden die bereits im Ordenssaal vorhandenen Pilaster und Säulen miteinbezogen. Bevor der Tanz begann, bedachten die Götter das Geburtstagskind (wieder einmal) mit einem artigen Vers: *»Die Götter haben sich heute versammelt, um durch ihre Anwesenheit all die Feste zu verschönern, die Amor gegeben hat. Möge der Sterbliche, der dessen so würdig ist, auf immer mit ihrer Gunst überhäuft werden!«*

Es wurden dann einige Menuette zur ›himmlischen‹ Musik getanzt. Anschließend leiteten die Götter wieder mit einem kurzen

Ordenssaal

Dialog über zum nächsten – dem letzten – Festplatz. Die Ankündigung spielte sich nach demselben Schema ab wie alle Szenenwechsel zuvor: Die Götter übertrumpften sich gegenseitig in der ›Schöpfung‹ prachtvoller Schauplätze. An diesem Abend blieb eindeutig Amor der Held des Festes. Nachdem Apollo sich beschwert hatte, daß der Saal für die große Gesellschaft zu klein sei, schoß Amor einen Pfeil auf die Wolkendekoration der westlichen Seite des Ordenssaals und fünf Öffnungen (Fenster des Ordenssaales) gaben den Blick auf die nächste Überraschung frei.

Theatersaal im Küchenhof – »L'Art d'Aimer«

Durch die westlichen Fenster des Ordenssaales sah man im Hof zwischen Küchen- und Ordensbau *»einen großen Theatersaal von erlesener und geschmackvoller Architektur.«* Dieses eigens errichtete Theater war 170 Fuß lang und 65 Fuß breit (ca. 49 x 18,5 m). Das Schloßtheater mit einer Größe von lediglich 38 x 19 m war also bei weitem nicht ausreichend für diesen Anlaß. Vor allem stand in diesem Theatersaal eine Bühnentiefe von 100 Fuß (28,6 m) zur Verfügung, während im Schloßtheater die maximal bespielbare Bühnentiefe lediglich 20 m betrug.

»Die Hauptloge war großartig geschmückt und zwei wunderschön gestaltete Treppen führten in das als Amphitheater angeordnete Parterre.« Das Theater scheint also mehrere Galerien und Logen gehabt zu haben. Vermutlich stiegen auch hier die Gäste durch die Fenster des Ordenssaales im ersten Stock direkt auf eine Galerie des Theaters und verteilten sich von dort aus über die beiden Treppen im Zuschauerraum.

»Nachdem die ganze Gesellschaft Platz genommen hatte, wurde eine Ouverture gespielt, welche so klang, als hätte Amor sie dem Komponisten persönlich eingehaucht.« Zur Aufführung gelangte nun das Sing- und Tanzspiel *»L'Art d'Aimer«* (Die Kunst des Liebens). Uriot hatte diese Hommage an die Liebe auf ausdrücklichen Wunsch des Herzogs gedichtet, von wem Tänze und Musik stammten ist unbekannt. Text und Handlung sind in der Festbeschreibung abgedruckt. Mitwirkende dieses *»Divertissements en Musique«* waren unter anderem Venus, Amor, die Blumen und die vier (damals bekannten) Erdteile Europa, Asien, Afrika und Amerika. Die Namen der Darsteller bleiben ebenso

wie die der Musiker unerwähnt. Ort der Handlung waren *»die Gärten des Fürsten dessen Geburtstag gefeiert wird«*. Vor dieser Kulisse diskutierten die vier Erdteile feinsinnig über ihre verschiedenen Auffassungen von der Liebe. Amor, der sich alles angehört hatte, besänftigte schließlich die erhitzten Gemüter und erklärte, daß die angeführten Widersprüche zum Thema Liebe vereinbar seien und dadurch das Glück der Liebe sogar noch größer würde. Durch diesen weisen Spruch löste sich der vermeintliche Streit auf und mündete in ein versöhnliches und harmonisches Ballett. Das Bühnenbild zeigte einen Spaliergarten, in dem Orangenbäume, Eiben und Blumenvasen verteilt waren. Im Laufe der Handlung wurde die Dekoration von Amor zum Leben erweckt: die Blumen und Bäume verwandelten sich in Tänzer und Tänzerinnen, die als Abschluß ihres Balletts die gekrönten Initialen des Herzogs formierten. Der Schlußchor des Singspiels, der das Motto des Festes noch einmal zusammenfaßte, lautete:

»Chantons L'Amour.
Dans ce grand Jour,
A cette Cour
Il vient d'apprendre
L'Art de charmer,
L'Art de surprendre,
L'Art de se rendre
Et l'Art d'aimer.« *

Damit endeten die gewaltigen Anstrengungen dieses Abends, die Gäste zu verzaubern und zu überraschen. Es war fünf Uhr morgens als das Festin in Ludwigsburg ausklang und *»die Hofgesellschaft die Bewunderung über all die erlebten Herrlichkeiten nach Stuttgart trug.«*

---

* »Besingen wir Amor.
An diesem großen Tag
zeigte er dieser Hofgesellschaft
die Kunst zu bezaubern,
die Kunst zu überraschen,
die Kunst Wünsche zu erfüllen
und die Kunst zu lieben.«

Herzogshut (Abbildung aus dem Württembergischen Hofcalender)

Die Festdekorationen

Am Beispiel der Dekorationen des Festins in Ludwigsburg des Jahres 1764 läßt sich ein Bildprogramm ablesen, das stets in ähnlicher Form bei allen bekannten Festdekorationen unter Herzog Carl Eugen in Erscheinung tritt.

Die Bilder, die beim Lesen von Uriots Festbeschreibung entstehen, weisen auf das Ideal des Rokoko hin, *»ein irdisches Paradies ewiger Jugend, Heiterkeit, anmutiger Schönheit und göttlich verklärter Sinnlichkeit, das Tod, Sünde, Alter, Gebrechlichkeit und Einsamkeit verneint. Das ganze Leben gilt hier als etwas Heiteres, dessen Harmonie darauf beruht, daß alle Schwerfälligkeit aufgehoben, alles Pathos, alles Dunkle ausgeschlossen wird.«* (Bauer, 1992). In diesem Bildprogramm spiegelt sich vor allem der Geschmack des Herzogs wieder, der bis ins Detail starken Einfluß auf die Gestaltung seiner Feste nahm. Seine Vorliebe zum Barock und Rokoko entsprach nicht unbedingt dem Geschmack der für ihn arbeitenden Künstler. Oberbaudirektor La Guêpière sah das überladene Rokoko seit der Jahrhundertmitte bereits als veraltet an und war eher um eine klassisch einfache Form bemüht. Auch der Theaterarchitekt Colomba näherte sich in den sechziger Jahren dem Stil La Guêpières an, was vermutlich aus der Zusammenarbeit beider Künstler resultierte. (vgl. Klaiber, 1959 u. 1991/Tintelnot, 1939)

Die Dekorationen zeigen einige übergeordnete, allgemeine Gestaltungsprinzipien. Dazu gehören insbesondere Abwechslung und Überraschung: Die Festarchitektur sollte bis zuletzt faszinierend und spannend sein, was durch ständige Veränderungen und Kontraste erreicht wurde. Die Dekorationselemente lassen sich grob in zwei Gruppen einteilen: ›Architekturdekorationen‹ und ›Naturdekorationen‹ (künstliche und natürliche). Elemente beider Gruppen durchdringen sich selbstverständlich und lassen sich nicht immer scharf voneinander trennen.

Architekturdekorationen

Die Festarchitektur im mittleren Schloßhof war streng symmetrisch angelegt, wobei den klaren Formen des Kolosseums (Kreis) und der Galerien (Rechteck) die spielerischen Formen zwischen der großen Galerie und dem Alten Corps de Logis entgegengesetzt wurden.

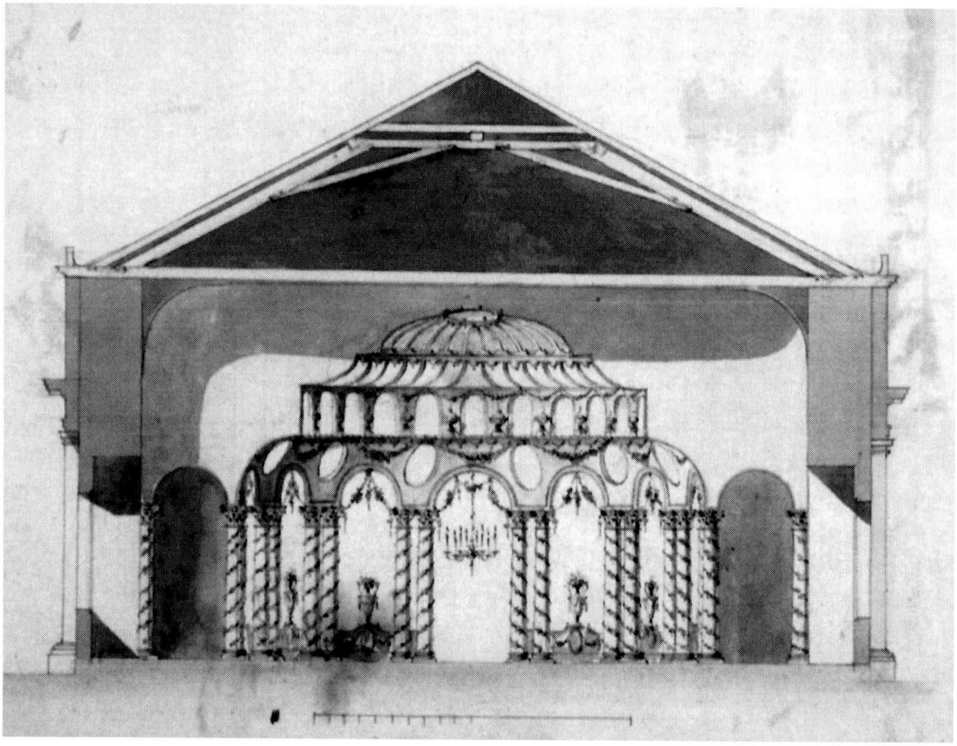

Theaterdekoration/Bühnenbild
Zeichnung von G.F. Riedel (?), 1769

Anmutig und graziös wirken vor allem die vier großen Treppen des Zauberpalastes mit ihren unregelmäßigen Schwüngen und dem felsigen Unterbau. Freitreppe und Balkon der Großen Galerie korrespondieren in der Form harmonisch mit dem Meeresufer und der Rundung des Amphitheaters.

Anspielungen auf antike Bauwerke

Im 18. Jahrhundert war die Architektur wesentlich vom Bild der Antike beeinflußt, das seit der Renaissance wieder aufgelebt war. Ein Bauwerk galt als ›logisches Gebilde‹, dessen Gestaltung von übergeordneten Ideen und Regeln bestimmt war (Idealität). Begriffe, die bereits in der Antike bekannt waren, stellte die Architekturtheorie des 18. Jahrhunderts von Frankreich ausgehend wieder auf: *Convenance* (Angemesssenheit), *Distribution* (Aufteilung des Grundrisses) und *Ordonnance* (Anordnung). Diese Lehre fand große Verbreitung in Vitruvs umfassenden Lehrbüchern *De architectura* (um 27 v. Chr.). (vgl. Klaiber, 1959/Bauer, 1992)

Die Festgebäude enthalten eine ganze Reihe von Anspielungen auf antike Architektur. Herzog Carl Eugen schätzte die antiken Bauwerke sehr, die er auf seinen Italienreisen mit größtem Interesse besichtigt hatte. Bereits seit 1749 hielt er sich in Rom einen Agenten, der ihn laufend über das Kunstleben zu unterrichten und neue Publikationen anzukaufen hatte. Erst kurz vor den großen Geburtstagsfesten, im Jahr 1762, war Carl Eugen wieder für mehrere Wochen in Italien gewesen. 1763 kaufte er über seinen römischen Agenten Venutis Stichwerk *Antichità Romane*, das ihn vielleicht anregte, zum nächsten Geburtstagsfest ein Kolosseum errichten zu lassen. (vgl. Italienische Reisen, 1993/Pfeiffer, 1907). Uriot verweist in seinen Beschreibungen ausdrücklich auf den Bezug zu antiken Gebäuden, vor allem beim Kolosseum. Die drei Galerien, die den Platz um den Zauberpalast rahmten, sind antiken Säulengängen nachempfunden, die Marktplätze oder Höfe säumten. Die Rotunde des Zauberpalastes erinnert an einen griechischen Rundtempel (Tholos), dessen Gehäuse von einem Säulenkranz umgeben ist (die ursprüngliche Benennung des Zauberpalastes lautete sogar »*Temple* de Magnificence«).

Die klassischen Säulenordnungen finden sich in jedem Bauwerk der Festarchitektur wieder. Am häufigsten wurde die korinthische

Säulenordnung angewendet. Sie wurde bevorzugt eingesetzt, weil sie als die eleganteste und prächtigste galt. Exotische Ausnahme von den klassischen Ordnungen waren die Palmensäulen am Unterbau des Zauberpalastes.

Die Säulen hatten bis ins 18. Jahrhundert anthropomorphe, charakterliche Zuordnungen und ihre Verwendung war genau festgelegt. (vgl. Klaiber 1959)

Diese Zuordnungen waren damals bei gebildeten Menschen allgemein bewußt, auch Uriot waren sie geläufig: Im Festbericht von 1763 beschreibt er einen Salon, *der »mit Säulen eines mänlichen Geschmakes gezieret [war], die etwas von der Dorischen Ordnung hatten.«*

	Charakter	zugeordnete Gottheiten	bevorzugte Anwendung
composit	reich, geschmückt	–	Triumphbögen Theatersäle Festdekorationen
korinthisch	Mädchen Jungfrau delicat, fein zart, elegant	Venus Flora Proserpina Nymphen Musen	Paläste Kircheninneres
ionisch	weiblich	Iuno Apoll Diana Bacchus Kybele	Lusthäuser Innenarchitektur
dorisch	männlich solide	Mars Minerva Herkules	Sakralbauten Zivilbauten
toskanisch	gedrungen bäuerlich ländlich	Pan Priapus	Militärbauten Häfen, Fontänen Grotten, Stadttore Orangerien

Antike Säulenordnungen nach Vitruv

Treppen

Die Festarchitektur enthält sehr viele Treppen in unterschiedlichsten Variationen, die teilweise als ganz eigenständiges Motiv auftreten. Ihre Funktion geht weit darüber hinaus, ›Verbindung von zwei auf verschiedenen Höhen liegenden Ebenen‹ zu sein, wie das Architekturwörterbuch sagt. Uriot hebt die aufwendige Gestaltung der Treppen, ihre reichen Formen, Materialien und Verzierungen stets hervor.

Die Treppenhäuser hatten in den deutschen Schlössern des 18. Jahrhunderts eine zunehmende Bedeutung als Repräsentationsraum errungen. Auch Außen- und Freitreppen wurden bewußt in den Repräsentationsradius miteinbezogen. Dies läßt sich beispielsweise an den bewegt herabschwingenden Freitreppen des Schlosses Solitude leicht nachvollziehen, die *»geradezu opernhaft wirken«* und sich *»als wirkungsvolle Szene für farbenprächtige Auffahrten und Empfangszeremonien«* eigneten (vgl. Klaiber, 1991). Eben solch eine Empfangszeremonie spielte sich auch zu Beginn des Ludwigsburger Festins an der vornehmen Treppe im Neuen Corps de Logis ab, an der der Herzog seine Gäste willkommen hieß.

Decken- und Wandmalerei

In allen Gebäuden der Festarchitektur des mittleren Schloßhofes befanden sich Decken- oder Wandmalereien, die unter der Leitung des Theatermalers Scotti entstanden waren. In der Großen Galerie befand sich das größte Deckengemälde. In die Kuppel und in die Säulenzwischenräume der Großen Galerie waren Szenen mit Venus und Amor gemalt. Ähnliche Darstellungen zierten die Decken der Logen im Kolosseum. Die Decken der beiden schmalen Galerien waren mit vergoldeter Architektur bemalt und die Decke des Säulenganges im Zauberpalastes mit goldenem antiken Mosaik.

Wasserspiele

Dreizehn Wasseranlagen von großem Formenreichtum waren unter enormem Aufwand in der Festarchitektur aufgestellt worden. Das Wasser mit seinem Wesensprinzip der Bewegung bewirkte eine effektvolle Belebung der Festkulisse. Größte Wasseranlage war das ›Meer des Neptun‹ mit den vier Flüssen. Weitere Wasseranlagen waren der Feuersee im hinteren Schloßhof, drei Grotten unter dem Balkon der Großen Galerie, sieben Schalenbrunnen um das Grüne

Amphitheater, das Becken mit fünf Fontänen im ovalen Garten und das Porzellanbassin im Zauberpalast. Vorbild für die fantastischen Brunnenarchitekturen des Barock und Rokoko waren die Brunnen Berninis in Rom. Die Brunnen wurden bevorzugt aus Figuren und Attributen gebildet, die eine Beziehung zum Wasser haben. Dazu gehörten der Wassergott Neptun, Flußgötter, Tritonen, Wassernymphen, Seepferdchen, Delphine, Fische und Muscheln. Als Sockel dienten Fels- und Grottenarchitekturen. Bei Festen wurden die Wasseranlagen eines Schloßparks häufig miteinbezogen, um beispielsweise Illuminationen und Feuerwerke glitzernd wiederzuspiegeln. Das Wasser in den von Menschen vorgegebenen Formen hatte neben seinen ästhetischen Reizen auch symbolhafte Bedeutung für die Bezwingung dieses mächtigen Elementes durch den Fürsten. Leider ist von den barocken Wasseranlagen der Schlösser in Stuttgart und Ludwigsburg nichts erhalten, allein am Seeschloß Monrepos ist diese wirkungsvolle Verbindung noch ursprünglich nachvollziehbar.

Naturdekorationen

Die sehr aufwendigen Naturdekorationen bei Herzog Carl Eugens Festen, bei denen Blumen, Felsen, ja ganze Landschaften künstlich nachgeahmt wurden, lösen beim Menschen, der am Ende des 20. Jahrhunderts lebt, doch einige Verwunderung aus. Gab es nicht damals, als Bevölkerung und Besiedelung einen Bruchteil der heutigen betrugen, und Umweltzerstörung ein unbekanntes Wort war, echte, unangetastete Natur in beliebiger Menge? Bestimmt ist diese Erscheinung nicht nur ein Indiz für die persönliche Überdrehtheit des Herzogs, sondern auch für *»das eigenartige Naturgefühl jener Zeit«* (Tintelnot, 1955). Die höfische Gesellschaft schuf sich eine verklärte Traumwelt, wie sie die Werke des Malers Antoine Watteau (1684–1721) zeigen, in der *»Natur, Kunst und Liebe zu einem mystisch-irdischen Paradies ewiger Jugend, Anmut und verklärter Sinnlichkeit«* verschmolzen. (Bauer, 1992)

Carl Eugen hatte eine innige Beziehung zu seinen Gärten, an deren Gestaltung er ab Mitte der 1750er Jahre großen Anteil nahm. Die sehr kostbar angelegten und höchst pflegeintensiven Gärten wurden stets in die Feste integriert, und den Gästen als Statussymbol voller Stolz vorgeführt.

»Die Einschiffung nach Kythera«
Gemälde von Antoine Watteau um 1717

Charakteristika des Barockgartens und des Landschaftgartens

Bei den Gartendekorationen der Festarchitektur von 1764 fallen zwei gegensätzliche Elemente ins Auge: zum einen die ›natürliche‹ Felslandschaft im hinteren Schloßhof, zum anderen die regelmäßigen, symmetrischen Gärten im mittleren Schloßhof. Hier spiegeln sich zwei Strömungen der Gartenkunst des 18. Jahrhunderts wieder: der französische Barockgarten und der englische Landschaftsgarten.

Der Barockgarten hatte seinen Höhepunkt im Frankreich des 17. Jahrhunderts, blieb aber noch bis über die Mitte des 18. Jahrhunderts hinaus Vorbild für die Gartengestaltung an den Höfen Europas. Seine Kennzeichen sind strenge Geometrie, Symmetrie und enge Anbindung an die Schloßanlage durch schnurgerade Alleen. Diese Gestaltungsweise erforderte einen enormen Arbeits- und Kostenaufwand und demonstrierte die Erweiterung des Macht- und Repräsentationsbereich des Schlosses auf den Garten. Die Form des französischen Gartens pflegte Carl Eugen in seinen Residenzen in Stuttgart und Ludwigsburg und in den schon sehr zum rokokohaft-kleinteiligen neigenden Solitude-Parkanlagen, die unter der Aufsicht von Hauptmann Johann Caspar Schiller (1725–1796), dem Vater des Dichters, standen. Leider ist von diesen sehr vergänglichen Gärten nichts mehr erhalten.

Beim englischen Landschaftsgarten herrscht die unregelmäßige, an die Natur anschließende Form vor. Komponiert wird die regellos wirkende Landschaft aus Weide- und Wiesenflächen, Baumgruppen (auch natürlich gewachsenen), Teichen und Seen und malerischen Ruinenstaffagen. Unter Herzog Carl Eugen wurde eine solche Gartenanlage ansatzweise im »Englischen Dörfle« bei Schloß Hohenheim in den Jahren 1776 bis 1789 verwirklicht. Auch von dieser Anlage ist fast nichts erhalten geblieben. (vgl. Berger-Fix, 1981)

Felslandschaft und Höhle des Vulcanus

Für die Felslandschaft mit der Höhle des Vulcanus im Festaufbau des Jahres 1764 lassen sich eindeutige Vorbilder benennen: die Gartenanlagen der Markgräfin Wilhelmine von Bayreuth, Carl Eugens Schwiegermutter. Ihre Schöpfungen, der Garten der Bayreuther Eremitage und der Felsengarten Sanspareil, waren die ersten Landschaftsgärten in Deutschland. (vgl. Bachmann, 1962 u. 1970). Sie entstanden in den 1740er Jahren. Erstmals wurden dort natürliche Felsformationen, Bäume und Pflanzen in die Gartengestaltung integriert. *»Die Natur*

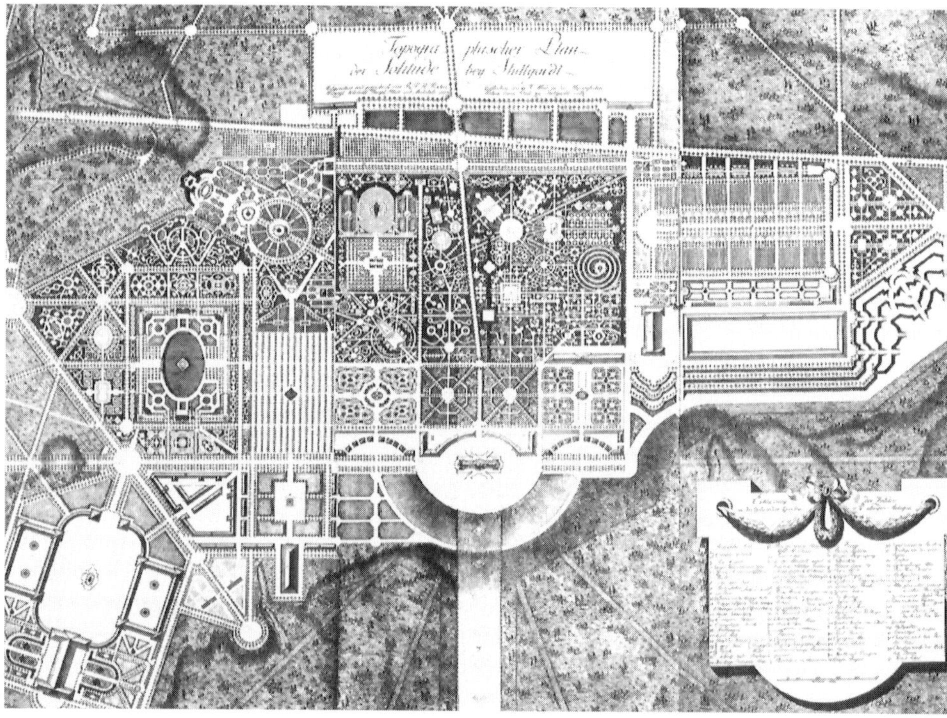

Schloß Solitude und seine Gärten

128 ~ 129

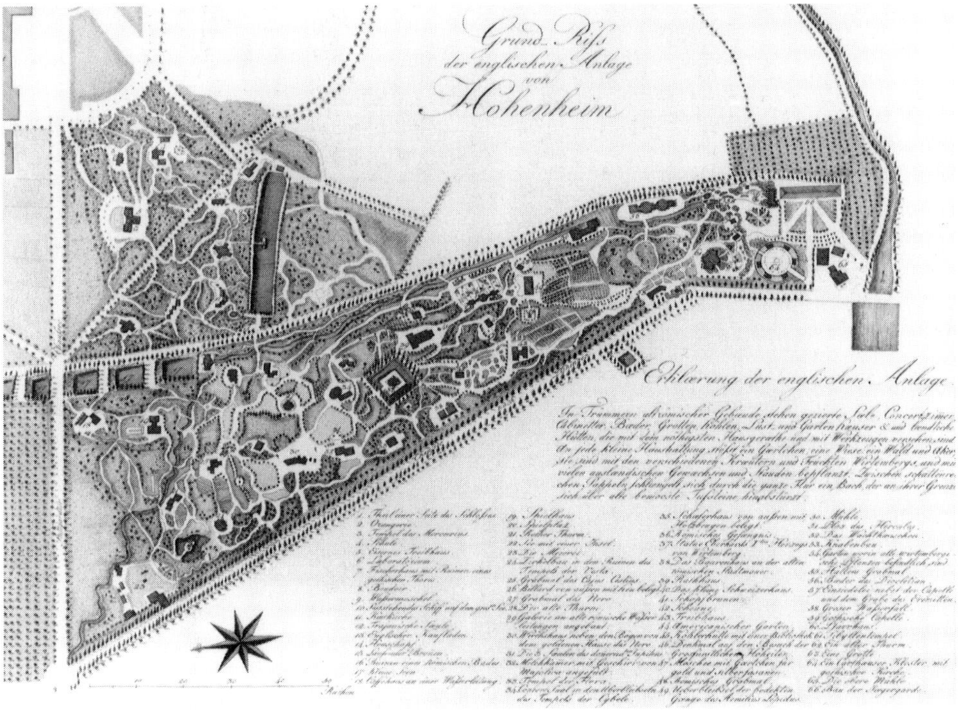

Schloß Hohenheim und seine Gärten

selbst war die Baumeisterin« schrieb Wilhelmine nach Vollendung des Felsengartens Sanspareil 1749 an ihren Bruder Friedrich den Großen. Eine völlig neue Idee der Markgräfin war es auch, den Felsengarten poetisch-mythologisch auszudeuten nach den Abenteuern des Odysseus und seines Sohnes Telemach. Daher stammen die Benennungen der einzelnen Felspartien, z. B. Grotte der Kalypso, Dianengrotte, Mentorsgrotte, Pansitz, Vulkanshöhle. Die Vulkanshöhle ist im Bezug auf die gleichnamige Festdekoration beim Ludwigsburger Festin besonders interessant. Sie war die größte unter allen Grotten des Felsengartens, man hatte in ihr ein Gemälde angebracht, das drei Zyklopen zeigte, die *»dem Vulcan die Donnerkeile für Jupiter schmieden«*. Die Gartenanlagen seiner Schwiegermutter müssen Herzog Carl Eugen sehr beeindruckt haben, denn er ließ sie bei seinen Festdekorationen immer wieder nachahmen. So ließ er 1756 zum 24. Geburtstag seiner Gemahlin Friederike Sophie von La Guêpière eine »Eremitage« im Neuen Bau (Renaissancebau neben dem Alten Schloß) anfertigen: *»Man trat durch eine Höhle in eine wilde Landschaft von Wald und Felsen, von denen aus Wasserfällen ein Bach mit einer Insel zusammenfloß. Zwischen den Felsen, echtem Gesträuch, Baumstümpfen und Wurzeln waren auf einem Boden von Sand und Disteln die Tafeln unregelmäßig placiert. Am Ende des Saals höhlte sich wieder der Fels und es öffnete sich der unerwartete Anblick eines hell strahlenden ›nach der Kunst angelegten Gartens‹. Die wilde Felslandschaft war also eine Folie für diesen Garten.«* (Klaiber, 1959)

Regelmäßige Gärten

Ein solch spannungsreicher Gegensatz wurde auch bei den Dekorationen des Jahres 1764 hergestellt. Außer dem Jardin privé, der ja zu den dauerhaften Gartenanlagen gehörte, waren in den Festablauf fünf ›Kunstgärten‹ integriert, die eigens für das Fest im mittleren Schloßhof angelegt waren. Hinzu kommen noch das Grüne Amphitheater, die Laubengänge unter der Großen Galerie, eine üppige Ausschmückung mit Blumen und Orangenbäumen und schließlich die Gartendekorationen im Sing- und Tanzspiel »L'Art d'Aimer«. Die Festgärten enthielten die wichtigsten Elemente eines französischen Barockgartens: Laubengänge, Boskette, immergrüne Taxus- und Buchssträucher, Kübelpflanzen (v. a. Orangenbäume), Parterre, Terrassen, Treillagen (Spaliere), Volièren und Wasserspiele.

Vulkanshöhle im Felsengarten Sanspareil

Auf die Zeit des Rokoko weisen die opulente Verwendung von Blumen und die intimen, abwechslungsreichen kleinen Gärten hin. Das Grüne Amphitheater (Théâtre de Verdure) hat seine Vorbilder in den vielen Heckentheatern – auch Natur- oder Gartentheater genannt –, die sich im Barock und Rokoko großer Beliebtheit erfreuten. Viele europäische Höfe hatten ein feststehendes Gartentheater in ihren Parkanlagen, nicht selten wurde aber auch nur für ein einziges Fest solch ein Theater aufgestellt. Sowohl im Ludwigsburger Schloßgarten als auch auf Solitude haben solche ›lebendigen Theater‹ existiert. (vgl. Meyer, 1934/Klaiber, 1989)

Da im Jahr 1764 die Besichtigung der Orangerie nicht auf dem Programm stand, wurden zur Ausstattung der Festgärten vermutlich die kostbaren Pflanzen der Orangerie verwendet. Uriot erwähnt den Blumen- und Pflanzenschmuck am Ende seines Berichts über das Ludwigsburger Festin noch einmal ausdrücklich: »*... ganz zu schweigen von den Bäumen und Orangenbäumen zierten 2 000 natürliche Blumen die Gärten um den Zauberpalast.*«

Muscheln, Schnecken, Seesterne

Über ein interessantes Detail der Dekorationen erfahren wir per Zufall etwas mehr. Die »*Erzeugnisse des Meeres*«, die als Dekoration am Meer des Neptun verteilt waren, waren echte Stücke aus dem Naturalienkabinett des Herzogs. Antiquarius Vischer hatte 235 Objekte aus der Sammlung zur Ausstellung beim Festin ausgewählt. Mit Schrecken mußte er feststellen, daß er nach dem Fest davon lediglich 36 Stück zurückbekam – alles andere war offensichtlich von den Gästen gestohlen worden! Der entrüstete Brief von Vischer an den Herzog lautet:

»*Durchlauchtigster Herztog, gnädigster Hertzog und Herr.*

Der von Euer Hertzogl. Durchlaucht vor einiger Zeit erhaltenen mündlichen höchsten Ordre zu schuldigst unterthänigster Folge ermangelte ich nicht, von denen auf dem Naturalien Cabinet vorhandenen Meermuscheln und Schnecken eine Sammlung von 235 verschiedenen Stücken zusammen zu packen, und dem Castellan Hartmann zum Transport nach Ludwigsburg zuzustellen, welcher sie auch dem Vernehmen nach richtig und zu rechter Zeit dahin besorget hat. Ich versorgtte auch dahero, daß diese sämmtliche marina, nach Euer Hertzoglichen Durchlaucht gnädigst gegen mir geäußerten Intention, nach dem davon gemachten Gebrauch auf das

Cabinet wieder richtig eingelüffert werden. Allein der Erfolg war meiner Hoffnung nicht gemäß, indeme von dem gantzen Quanto nicht mehr als in allem 36 Stück hieher zurück geschickt worden sind, ohne dabey zu melden, was es mit den zurückgebliebenen 199 Stücken, so durchaus die schönste sind, vor eine Beschaffenheit habe.

So bald mir hievon die Nachricht zugekommen, so wendete ich nach meiner Unterthänigsten Obliegenheit zu Beytreibung der mangelnden piecen die gehörige Sorgfalt an, und ersuchte den Major von Schell, dem Ew. Hertzogl. Durchlaucht den Abbruch des ganzen Festgebäudes zu besorgen gnädigst aufgetragen haben, daß er doch vor der Beyschaffung der ausgebliebenen 199 Muscheln und Schnecken möglichst besorgt sein möchte. Ich bekame aber gestrigen Tags nebst noch einer Muschel, die sich im Sand nachgefunden – aber auch, wie noch mehrere von den andern schaden genommen hat, das Antwort Schreiben von Ihme, woraus Euer Hertzogl. Durchlaucht Selbst zu ersehen gnädigst geruhen wollen, was es mit denen abhanden gekommenen 198 Marinis vor eine Bewandtsame habe, und wie viel – oder vielmehr wie wenig Hoffnung zu derselben Wiedererlangung vor mich übrig seye ...« (vgl. Staatliches Museum für Naturkunde Stuttgart, 1991).

Sonstige Dekorationselemente

Amor und Venus

Amor und Venus waren die Zentralgestalten des Rokoko. Diese beiden Liebesgötter waren Symbol für den *»Aufstieg der sinnlichen Liebe zur obersten Lebensmacht«* (Bauer, 1992). Sie sind beim Ludwigsburger Festin die Hauptdarsteller unter den von Musikern gespielten Göttern und erscheinen auch mehrfach auf den Decken- und Wandgemälden.

Venus und ihre Attribute sind das Hauptthema bildlicher Darstellungen des Rokoko. Als Göttin des Meeres gehören zu ihr Fels, Muschel, Koralle, Schilf, Wasser, Schaum und Welle, die alle im ›Meer des Neptun‹ und in seiner Umgebung zu finden sind. Der Spiegel ist das Kennzeichen der Venus als Schönheitsgöttin. In vielen Barock- und Rokokoschlössern wurden für die kostbaren Spiegel Kabinette eingerichtet, auch bei Fest- und Theaterdekorationen wurden sie ihrer subtilen Eigenart wegen gerne verwendet. Sie *»projizierten die Besucher in die Irrealität und somit in eine absolut künst-*

liche Sphäre hinein. Das festliche Leben wurde gleichsam immer wieder und ausschließlich auf sich selbst verwiesen.« (Bauer, 1992). Beim Ludwigsburger Festin zeigt sich dies im Zauberpalast dessen Kuppel ganz mit Spiegeln ausgekleidet war. Außerdem wurde dem Spiegel die mystische Fähigkeit zugeschrieben, das Fest aufzeichnen zu können.

Porzellan

Carl Eugen ließ in den Jahren 1763 und 1764 für das Ludwigsburger Festin kostbare Stücke aus Porzellan anfertigen, die feierlich präsentiert wurden. Im Jahr 1763 überreichten *»sechszehn Liebesgötter den sechszehn Damen, die an der Tafel saßen, jeder einen Blumenstrauß, an welchem das Aug den Glanz der seltensten und bestgewähltesten Blumen bewunderte. Keiner dieser Sträuße gliche dem andern, und schon hoffte der Geruch ihre köstliche Düfte einzuathmen, als das Gefühl entdekete, daß sie von Porcelain wären. Man konnte nicht begreiffen, wie es der Kunst möglich gewesen, die Natur so gut nachzuahmen.«* Im Jahr 1764 wurde ein prunkvoller Tafelaufsatz aus Porzellan an der zentralsten Stelle der Festarchitektur – in der Mitte des Zauberpalastes – aufgestellt. Er setzte sich aus vielen einzelnen Figuren zusammen. Da sich die Gesellschaft ja mitten im ›Meer des Neptun‹ befand, kreisten alle Gestalten um das Thema Wasser. Sie formierten einen fantastischen Springbrunnen, um den herum die herzogliche Tafel aufgestellt war, so daß sich die Gäste während des Mahls daran delektieren konnten. Die größte Figur war Neptun, der 6 Fuß (1,7 m) aus einem großen ovalen Wasserbassin herausragte. Von diesem Tafelaufsatz sind wahrscheinlich noch Originalfiguren erhalten: ein Putto auf Delphin, (ausgestellt im Württembergischen Landesmuseum), ein Delphinfischer und eine Delphinfischerin (vgl. Lahnstein/Landenberger, 1978 u. Balet, 1911).

Die zentrale Position des Porzellans in Carl Eugens Festen ist charakteristisch für die Zeit, denn das Porzellan ist eine Erscheinung die das Rokoko wie keine andere verkörpert. Im Porzellan stehen *»die Phantastereien, die Träume, die Vorstellungswelt, aber auch die wirkliche Szenerie des Rokoko leibhaftig vor uns.«* (Lahnstein/Landenberger, 1978). Es wurde 1708 durch J. F. Böttger in Meißen für Europa neu erfunden, breitete sich schnell aus und erlebte im Rokoko seine Blütezeit. Die eigene Porzellanmarke gehörte zu den

Spiegelkuppel

»Putto auf Delphin«,
Originalfigur aus dem Ludwigsburger
Tafelaufsatz von 1764

angesehenen Statussymbolen eines Fürstenhofes. So gründete schließlich auch Herzog Carl Eugen im Jahr 1758 seine eigene Porzellanmanufaktur in Ludwigsburg als *»notwendiges Attribut des Glanzes und der Würde«*. Die Manufaktur erlebte von 1760 bis 1770, also gerade in der Zeit der prächtigsten Feste Carl Eugens, ihre Blütezeit mit über 150 Beschäftigten. Alle Darsteller, die uns beim Festin in Ludwigsburg begegnet sind, finden wir wieder in Ludwigsburger Porzellan: Venus, Amor und die gesamte Götterwelt des Olymp, Tritonen, Najaden, Nymphen, Flußgötter, Putten sowie die Grazien und die vier Weltteile aus dem Sing- und Tanzspiel L'Art d'Aimer.

Innocente Colomba und andere Dekorationskünstler

»Die konsequente Überantwortung allerFestgestaltungen in die Hände von Architekten und Malern beweist, wie Fest und Theater seit dem 16. Jahrhundert als Angelegenheit der bildenden Künste aufgefaßt wurden.« (Tintelnot, 1939).

So großartig die Opern eines Jommelli und die Ballette eines Noverre auch waren, ohne den enormen Ausstattungspomp (Theatergebäude, Bühnenbilder, Maschineneffekte, Kostüme) wäre ihre Aufführung zu Zeiten Carl Eugens nicht denkbar gewesen. Die Dekorationen verselbständigten sich im Festprogramm in solchem Maße, daß sie – am weitestgehenden beim Festin in Ludwigsburg – im Vordergrund des Interesses standen.

Der wichtigste Schöpfer von Festdekorationen unter Herzog Carl Eugen war Innocente Colomba. Da das Dekorationswesen dieser Zeit noch kaum erforscht wurde, ist über ihn und andere Dekorationskünstler des württembergischen Hoftheaters wenig bekannt. Dies ist mit dadurch bedingt, daß sich von der sehr kurzlebigen Dekorationskunst so gut wie keine Zeugnisse erhalten haben.

Innocente Colomba

Von den unzähligen Arbeiten Colombas, der das Dekorationswesen in der Glanzzeit des württembergischen Hoftheaters von 1750 bis 1768 leitete, sind nur wenige überliefert:

Innocente Colomba,
Theatermaler und -architekt

- sechs Bühnenbildentwürfe (um 1766/67, Originale zerstört),
- drei Bühnenbilder: »Apotheose der Tänzer«, »Wald Prospect« und »Weinberg Prospect« (alle um 1763),
- der Theatervorhang »Apollon mit den Musen« (1763),
- die Pläne zu den Festdekorationen im Ludwigsburger Schloß,
- Freskomalereien im Sockelgeschoß und im Sommerspeisesaal des Schlosses Solitude.

Trotz dieses spärlichen Anschauungsmaterials beurteilt Tintelnot Colomba als den *»zweifellos bedeutendsten Szenenarchitekten des spätbarocken Klassizismus«*, während Zielske in Colomba einen Vertreter von *»ästhetischen Anschauungen eines ungebrochenen Spätbarock«* sieht (vgl. Zielske, 1969 u. Tintelnot, 1939).

Wer war dieser Künstler? Giovanni Battista Innocente Colomba wurde 1717 in Arogno, einem Ort in der italienischen Schweiz, geboren. Er lernte die Malerei bei seinem Onkel Luca Antonio Colomba (1661–1737), der unter Herzog Eberhard Ludwig Hofmaler gewesen war. Von ihm stammen zahlreiche Deckengemälde im Ludwigsburger Schloß (z. B. Schloßkirche, Gardesaal) und im Schloß Favorite. Von 1737 bis 1750 ging Colomba auf Wanderschaft und arbeitete unter anderem in Frankfurt, München, Wien und Mannheim. Im Herbst 1750 kam er an den Stuttgarter Hof, wo seine erste Aufgabe die Ausführung der Dekoration der Oper im Neuen Lusthaus unter Leopoldo Retti war. Offensichtlich war man zufrieden mit seinen Leistungen, denn im Februar 1751 wurde er fest angestellt, vermutlich als Nachfolger des im selben Jahr verstorbenen Theatermalers Livio Retti.

Zu Colombas besonders anspruchsvollen Aufgaben gehörte die Herstellung von Bühnendekorationen zu Jommellis Opern und später Noverres Balletten. Gleichrangig wird er neben diesen beiden Künstlern ab 1754 regelmäßig in den Textbüchern der Opern- und Ballettaufführungen unter dem Titel *Theatral-Architekt* aufgeführt, woran sich schon die Wertschätzung seiner Arbeit ablesen läßt: *»Die Veränderungen der Schaubühne sind ganz neue Erfindungen des Herrn Innocentius Colomba«*. Wie diese Eintragungen zeigen, wurde auf immer neue und überraschende Bühnenbilder großer Wert gelegt. Die Bühnendekorationen Colombas waren meistens auf starke Tiefenwirkung gerichtet, ein für das Barocktheater typisches Gestal-

Bühnenbildentwurf von Innocente Colomba zur Oper ›Farnace‹ (um 1767)

Bühnenbildentwurf von Innocente Colomba zur Oper ›Vologeso‹ (um 1766)

Bühnenbild von Innocente Colomba
›Weinberg Prospekt‹ (um 1763)

Bühnenbild von Innocente Colomba
›Apotheose der Tänzer‹ (um 1763)

tungsmerkmal. Dies wurde einerseits durch größtmögliche Ausnutzung der Bühnentiefe erreicht, andererseits durch Tiefenillusion schaffende Kulissenmalerei. Der Herzog selbst hatte eine Vorliebe für diesen Effekt und ließ deshalb seine Theater soweit möglich mit besonders tiefen Bühnen ausstatten.

Colomba wirkte außer beim Umbau des Neuen Lusthauses zur Hofoper bei drei weiteren großen Theaterbauprojekten Carl Eugens mit. 1758 arbeitete er an der Ausstattung des Ludwigsburger Schloßtheaters unter der Leitung La Guêpières, die allerdings im Jahr 1812 gänzlich durch die neuen Dekorationen von Thouret ersetzt wurde. Für das große Ludwigsburger Opernhaus, das 1764/65 von den Theatermaschinisten Keim und Spindler errichtet wurde, führte Colomba die gesamte Innendekoration in verschwenderischer Pracht aus: Der ganze Saal war mit Spiegeln ausgekleidet. Weniger prunkvoll, dafür theatergeschichtlich interessanter, gestaltete Colomba das Theater im Schloß Solitude 1765/66: *»Seine Ausstattung ›ohne Gold, nur mit Farben gezieret‹ ist die erste natur-illusionistische, die bekannt ist. Der Zuschauerraum war nämlich ›wie eine Höhle eingerichtet‹, Logen und Wände waren ›ringsherum mit gemahlter Leinwand überzogen, worauf felsenartige, mit Bäumen und Moos bewachsene Gegenden gemahlt‹ waren.«* (Klaiber, 1991). 1761 erhielt Colomba eine Professur an der Académie des Arts, deren Direktor er auch eine zeitlang war.

Krise der Bühnenbildkunst

Im Jahr 1763, bald nach den Geburtstagsfestlichkeiten, für deren Dekorationsausstattung er von Uriot in höchsten Tönen gelobt wird, reichte Colomba ein Entlassungsgesuch ein. Diesem merkwürdigen Umstand ging Zielske in seinem Aufsatz *Innocente Colomba und das spätbarocke Bühnenbild. Zur Krise des württembergischen Hoftheaters im 18. Jahrhundert* nach. Durch die Auswertung von Briefen Colombas aus den Jahren 1763 und 1764 gelangte er zu erstaunlichen Ergebnissen. Gerade auf dem scheinbaren Höhepunkt der Bühnenbildkunst trat ihre Krise zutage, denn es ist offensichtlich, *»daß man sich mit diesen Festfolgen zeitlich eindeutig nach rückwärts orientierte. Das kleine Herzogtum Württemberg unternahm damals allen Ernstes den heute nur als hybrid zu bezeichnenden Versuch, mit den Veranstaltungsfolgen von 1763 und 1764 die Versailler Feste Ludwigs XIV. nicht nur zu wiederholen, sondern sogar noch zu übertreffen.«*

Im Gegensatz zu Carl Eugen erkannte Colomba die Sackgasse in die seine Dekorationskunst geraten war und war bereit die Konsequenzen zu ziehen. Er bat um Entlassung mit der Begründung, daß er *»außerstande währe viel neueß mehr zu erfinden«*. So kam es, daß im Juni 1763 der hochberühmte Giovanni Niccolo Servandoni (1695–1766) aus Paris auf ein Jahr engagiert wurde. Die Vorbereitungen für das Geburtstagsfest des nächsten Jahres waren jedoch zu diesem Zeitpunkt längst im Gange, so daß Servandoni zwar den Großteil der Operndekorationen für Jommellis »Demophoonte« liefert, aber Colomba noch die gesamte Planung für das Festin in Ludwigsburg übernimmt. Auch als er tatsächlich für einige Zeit in seine Heimat abreist, steht er in ständigem (Brief-) Kontakt zum württembergischen Hof. Wie Zielske in seinem Aufsatz nachweist, konnte der prominente, fast 70jährige Servandoni die hochgesteckten Erwartungen Carl Eugens nicht erfüllen (was nicht aus Uriots Bericht hervorgeht, der die Dekorationen des Meisters mit Lob überschüttet, aber aus diversen Archivalien). Man verlängerte zwar seinen Vertrag auf eigenen Wunsch noch einmal um einige Monate, bemühte sich aber währenddessen – mit Erfolg – um die Rückkehr Colombas, der nun das Amt des württembergischen Hof-Theatral-Architekten noch wenigstens bis zum Frühjahr 1767 ausübte. Seine Entwürfe für die Oper »Il Vologeso« (Jommelli / Verazi) aus dem Jahr 1766 *»machen deutlich, daß der Höhepunkt der Leistungen an Carl Eugens Hoftheater vorüber war«*.

Colomba zog sich nach seiner Entlassung vom württembergischen Hof in seine Heimat zurück und nahm nur noch selten Aufträge an, darunter die Ausstattung des Turiner Hoftheaters von 1770–1772. Mit Colombas Abschied ging eine Ära zu Ende. Die Wertschätzung und Bezahlung der Theaterdekorateure am württembergischen Hof sank nach seinem Weggang erheblich.

Andere Dekorationskünstler

Am gesamten Geburtstagsfest des Jahres 1764 wirkten laut Uriot insgesamt 300 Künstler und *»talentierte Personen von besonderem Verdienst«* mit. Nur wenige von ihnen werden namentlich erwähnt. Personen, die bereits im Vorjahr ihren Lorbeer erhalten hatten, konnte Uriot – um sich nicht dem Vorwurf der Wiederholung auszusetzen –

dieses Jahr nicht mehr hervorheben (Ausnahmen bestätigen die Regel). Daher kann nur für wenige Künstler mit Sicherheit festgestellt werden, ob und in welcher Form sie an den Dekorationen beteiligt waren. Die folgenden Künstler werden in Uriots Festberichten der Jahre 1762 bis 1764 im Zusammenhang mit den Dekorationen genannt.

Philippe de La Guêpière

La Guêpière (1717–1773) war von 1752 bis 1768 Oberbaudirektor am Hofe Carl Eugens. In dieser Zeit unterstand ihm auch das Dekorationswesen, das als Teil des Bauwesens betrachtet wurde. Hauptaufgabe La Guêpières war nach dem Tod seines Vorgängers Leopoldo Retti im Jahr 1751 die Fertigstellung des Neuen Schlosses. Daneben führte er jedoch eine Reihe weiterer Projekte. Drei Theatereinbauten realisierte er in den württembergischen Residenzen Stuttgart und Ludwigsburg. Im Frühjahr 1757 richtete er im Neuen Bau eine Bühne für französische Komödie ein. Der Bau brannte allerdings noch im selben Jahr ab. Im Jahr 1758 folgten der Ausbau des Ludwigsburger Schloßtheaters und der Umbau der Oper im Neuen Lusthaus. In den 1750er Jahren leitete La Guêpière die künstlerische Ausführung der vom Herzog ausgedachten Festdekorationen. Schon in diesen Jahren ließ der Herzog künstliche Gartenlandschaften und Eremitagen (wilde Landschaftn mit Felsen, Wald und Höhlen) anlegen. Auch der einzige erhaltene Dekorationsentwurf La Guêpières zeigt einen künstlichen Garten. Er wurde 1755 für die Oper im Lusthaus angefertigt und stellt einen »*Jardin enchanté*« dar: die Bühne wurde als begehbarer Garten mit einer Kaskade gestaltet. Auch das Zuschauerhaus wurde in die Gartenszene einbezogen, indem die Logen mit Blumenkränzen und das Parterre mit Bäumchen geschmückt wurden.

Bei den großen Festfolgen der Jahre 1762, 1763 und 1764 wurde nach Plänen La Guêpières in Stuttgart das sogenannte »Ochsengerüst« aufgebaut. In diesem Gerüst, das aus Säulengängen und Pavillons bestand, wurde gebratener Ochsen und Wein an das Volk verteilt. Außerdem entwarf La Guêpière die Dekorationen zu den 1763 und 1764 abgehaltenen Karussells, insbesondere große Zuschauertribünen.

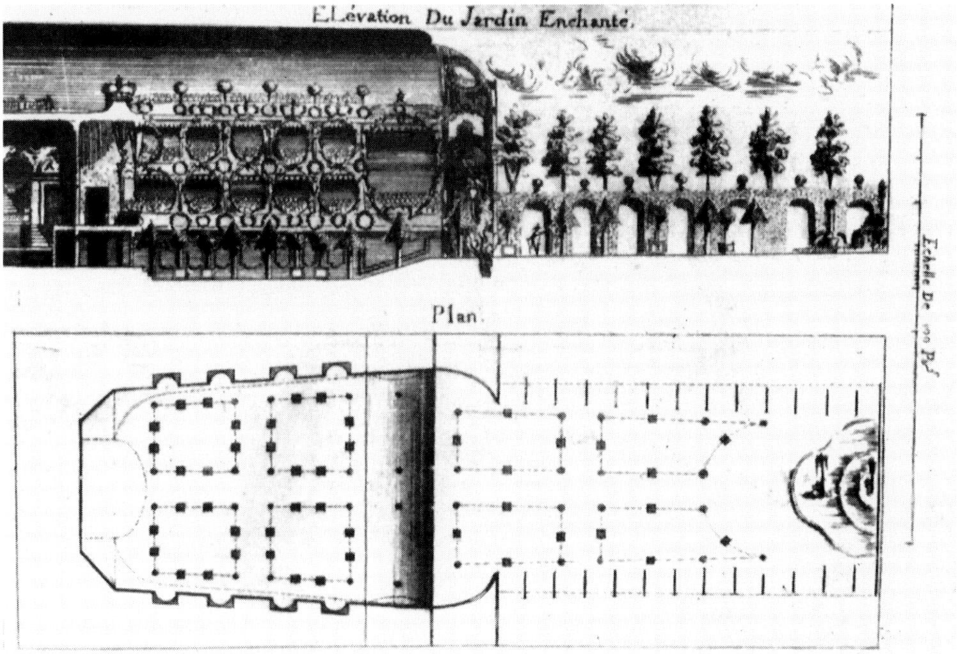

»Jardin enchanté«,
Theaterdekoration von La Guêpière

Nicolas Guibal

Was den »Premier peintre« Nicolas Guibal (1725–1784) betrifft, gibt es nur spärliche Hinweise, inwieweit er in Planung und Durchführung der Festdekorationen involviert war (vgl. Uhlig, 1981). Der in Lunéville geborene Guibal studierte Malerei in Paris. Von dort kam er 1749 nach Stuttgart in die Dienste des jungen Herzogs Carl Eugen und wurde bald dessen *»Berater in allen künstlerischen Fragen«*. Zu seinen ersten Aufgaben gehörte das Arrangieren von Hoffesten und die Herstellung von Theaterdekorationen. Von 1750 bis 1755 hielt sich Guibal mit herzoglichem Stipendium in Rom auf. Von Arbeiten für das Theater wird erst wieder in den 1760er Jahren etwas bekannt: *»... schockweise entstanden Dekorationen für Oper, Ballett und Theater. Daneben hatte er kaum mehr Zeit seine eigentliche Begabung zur Entfaltung zu bringen.«* Ab 1777 leitete Guibal das Dekorationswesen des Hoftheaters. Leider sind von seinen Szenerie- und Kostümentwürfen keine Beispiele überliefert. Uriot berichtet 1763: *»Die besten Personen von der Musik Sr. Herzogl. Durchlaucht stellten samtliche diese Götter vor, und Herr Guibal hatte alle Einsichten seiner Kunst aufgebothen, sowohl sie, als die Elementen und Jahreszeiten auf das genaueste nach der Übereinstimmung mit der Fabellehre und dem Alterthume zu kleiden.«*

Guibals künstlerischer Werdegang läßt im Ganzen aber doch eher darauf schließen, daß seine Hingabe nicht den kurzlebigen Dekorationen, sondern der beständigeren Malerei galt. Dafür legen eine Reihe von Deckengemälden in Carl Eugens Schlössern Zeugnis ab.

Antonio de Bittio und Giosue Scotti

Bittio und Scotti waren beide Theatermaler und langjährige Mitarbeiter am Hoftheater (vgl. Krauß, 1908). Bittio war von 1748 bis 1768 in herzoglichen Diensten. Er gründete bereits 1753 eine Malschule, die vermutlich den Anstoß für die Académie des Arts gab. Von ihm ist eine Karikatur zur Arbeit in der Dekorationswerkstatt erhalten. Scotti (1729–1791) war ein Sohn des unter Eberhard Ludwig tätigen Malers Piero Scotti, von dem die Deckenfresken in der Bildergalerie und im Ordenssaal des Ludwigsburger Schlosses stammen. 1762 wurde er von Colomba nach Stuttgart berufen und übernahm nach dessen Abgang 1768 die Oberleitung der Theater-

»In der Dekorationswerkstatt«
Karikatur von Antonio de Bittio

dekoration bis 1777. Beim Ludwigsburger Festin 1764 oblagen ihm alle Decken- und Wandmalereien. Der Herzog scheint mit der Erfüllung dieser Aufgabe sehr zufrieden gewesen zu sein, denn er erteilte Scotti *»öffentliches Lob, mit dem Ihre Hoheit jene zu belohnen pflegen in welchen Sie bemerkenswerte Talente erkennt.«*

Sowohl Bittio als auch Scotti waren hochgeachtet und wurden als Professoren an die Académie des Arts berufen, Scotti lehrte ab 1773 an der Hohen Carlsschule.

Die Theatermaschinisten Johann Christian Keim und Johann Dietrich Spindler

Eine besonders zuverlässige und tüchtige Kraft des Hoftheaters war der Theatermaschinist Johann Christian Keim (1721–1787), der 36 Jahre treue Dienste leistete. 1751 engagiert, wurde Keim bei Theaterbau und -betrieb bald unentbehrlich, erhielt jedoch einen erstaunlich geringen Lohn, was darauf schließen läßt, daß er ›nur‹ als Handwerker und nicht als Künstler angesehen wurde. Er arbeitete 1758 beim Einbau der Maschinerie im Ludwigsburger Schloßtheater mit, von der heute noch einige Teile erhalten sind – ein theatergeschichtliches Rarum.

Keim bewerkstelligte die Überdachung der weitläufigen Ludwigsburger Orangerie samt angrenzenden Gärten. Für dieses Werk, das beim Ludwigsburger Festin des Jahres 1763 im Mittelpunkt stand, lobt Uriot ausdrücklich den *»Eingebohrnen des Schwabenlandes, Namens Kaim, den man wegen seiner Geschicklichkeit vor den besten Werkmeister und den tüchtigsten Maschinisten Teutschlandes erkennen muß.«* Beim Umbau der Oper im Lusthaus und besonders beim Bau des Ludwigsburger Opernhauses, leistete er in unglaublich kurzer Zeit hervorragende Arbeit.

Bei letzteren Projekten wurde er unterstützt von Johann Dietrich Spindler, der von 1763 bis 1766 am württembergischen Hof angestellt war. Spindler bewährte sich vor allem bei der Bewältigung der Festarchitektur in Ludwigsburg im Jahr 1764. Er zählt zu den sehr wenigen Dekorationskünstlern, die Uriot in seiner Festchronik ehrt: *»Der neu in die Dienste des Herzogs aufgenommene Maschinist Monsieur Spindler wurde mit dem gewaltigen Zimmerwerk all der verschiedenen Gebäude betraut und man kann ihm den Erfolg versichern, daß dieses von keinem fähigeren und umsichtigeren Mann hätte verwirklicht werden kön-*

nen. Das Zimmerwerk kam in der Feinheit und dem Schliff einer Tischlerarbeit gleich. Nichts daran schien schwergewichtig zu sein, alles war sicher und zu allen Seiten brachte dieser exzellente Handwerker Notausgänge an, für den Fall irgendeines Unglückes.«

»Il Ridotto« – Der Maskenball,
Gemälde von Pietro Longhi (Werkstatt)
um 1750

Venedig in Württemberg – Gondeln und Venezianische Messen

›La dolce vita‹ in Venedig

In Venedig konnte Carl Eugen, fern von lästigen Kritikern und Moralaposteln, mit Gleichgesinnten ausgiebig seiner Genußsucht frönen. Bereits auf seiner ersten Italienreise im Jahr 1753, einer sogenannten Kavalierstour mit seiner Gemahlin Friederike Sophie, hielt er sich eine Woche in der ›Serenissima‹ auf. Fast zehn Jahre später, im Frühsommer 1762, nahm er sich bereits drei Wochen Zeit für einen Vergnügungsaufenthalt in der Lagunenstadt – diesmal jedoch in Begleitung seiner Mätresse. Man richtete sich im Palazzo Querini ein, der aufs kostbarste mit Kronleuchtern und Spiegeln ausgestattet wurde, und besuchte allabendlich die Oper, wobei abwechseld in S. Samuele, S. Luca oder S. Angelo Logen gemietet wurden.

Der längste Aufenthalt in Venedig war jedoch 1767. Diesmal wollte der Herzog alle Lustbarkeiten, die die Stadt zu bieten hatte, am Stück genießen: Karneval, Opern, Bälle, Empfänge, Gondelpartien, sogenannte ›Akademien‹ (Konzerte), und als Krönung die ›Sensa‹, das prächtigste Fest Venedigs. Die feierliche ›Vermählung des Dogen mit dem Meer‹ genoß man vom prominent gelegenen Palazzo Balbi aus. Ein halbes Jahr lang, von Januar bis Juni 1767 gab sich der Herzog diesem Rausch hin und gab dabei das Geld mit vollen Händen aus, was eine Meldung des Korrespondenten der Mannheimer Zeitung vom Januar 1767 aus Venedig verdeutlicht: *»Der Herzog von Württemberg erscheint hier öffentlich und lebt wie ein großer Fürst. Drei Paläste wurden von ihm auf acht Monate gemietet und dreimal in der Woche hält er große Tafel, zu welcher der venezianische Adel der Reihe nach eingeladen wird. Niemals hat ein regierender Fürst bei uns einen so glänzenden Aufzug gemacht.«* (zit. nach Walter, 1987; siehe auch »Italienische Reisen«, 1993)

Der venezianische Adel revanchierte sich mit typisch venezianischen Spektakeln für die großzügigen Einladungen Carl Eugens. Bekannt ist eine Stierhatz zu Ehren des Herzogs auf der Piazza San Marco, die am 17. Februar 1767 stattfand. Ein weiteres Spektakel kam erst vor kurzem durch eine Entdeckung des Tanzhistorikers Eberhard Schauer ans Licht: in der Bibliothek der ehemals zu Württemberg gehörenden Stadt Montbéliard, damals ›Mömpelgard‹, entdeckte er die Beschreibung einer Regatta auf dem Canal Grande, die für Carl Eugen veranstaltet worden war. Dieser Geschicklichkeitswettbewerb für Boote fand am 3. Juni 1767, also kurz vor der Abreise des Herzogs aus Venedig, statt. Die Beschreibung besteht aus einem »Dialog über die Regatta im allgemeinen« zwischen einem Genueser und einem venezianischen Gondoliere sowie einem sechzehn Seiten langen Gedicht. Die Texte sind größtenteils in venezianischem Italienisch verfaßt.

Die Personen des heiteren Dialogs sind ein Genueser, der als Geschäftsreisender erstmals in Venedig ist, und Nane Speranza, ein venezianischer Gondoliere. Während der Gondelfahrt kommen die beiden ins Gespräch. Nane Speranza schwärmt dem Genueser von den Schönheiten seiner Stadt vor und berichtet von der großartigen Regatta, die demnächst stattfinden wird. Er erklärt den Ablauf des Wettkampfes: Die ›Peoten‹ starten am Anfang des Canal Grande, beim Stadtteil Castello, fahren dann am Ende des Kanals um einen Pfahl herum und wieder zurück zum Ausgangspunkt. Auf dem Weg zurück müssen sie bei der *Macchina* (Maschine), einem Floß in der Mitte des Canal Grande, an den *Premio*, eine Flagge, gelangen und diese mit zum Anfang nehmen. Es gibt vier Wettkämpfe für jeweils vier unterschiedliche Bootstypen. Die ganze Stadt feiert bei der Regatta mit und sieht sich maskiert und kostümiert den farbenprächtigen Korso auf dem Canal Grande an. Dieser Korso besteht aus *Barconi* (Boote mit dargestellten Szenen), *Bissone* (geschmückte Boote), *Malgerote* (Boote der Adligen) und vielen weiteren verzierten Booten. Der Gondoliere berichtet weiter, daß solch eine feierliche Regatta nur einmal im Jahr stattfindet, aber auch nur dann, wenn ein angemessener Anlaß besteht, wie der Besuch eines großen Fürsten – wie der des Herzogs Carl Eugen, dessen Herrlichkeit nicht genug gelobt werden kann! Über die Regatta will Nane Speranza aber nichts weiter verraten, da sie eine Überraschung für den Herzog sein soll. Dafür

DIALOGO
SOPRA LA REGATA
IN GENERALE

DEDICATO

ALL' ALTEZZA SERENISSIMA

DI

CARLO EUGENIO

DUCA REGNANTE DI WIRTEMBERG ec.

IN VENEZIA MDCCLXVII.

PRESSO ANGELO GEREMIA.

CON LICENZA DE' SUPERIORI.

Titelblatt der Beschreibung einer Bootsregatta auf dem Canal Grande zu Ehren Carl Eugens

ALLEGREZZE
DELL' ADRIA
PER LA SOLENNE REGATTA
Che si farà addì 3. Giugno 1767.
NEL CANAL GRANDE DI VENEZIA
A DIVERTIMENTO
DI SUA ALTEZZA SERENISSIMA
CARLO EUGENIO
Duca Regnante di Wirtemberg, e Tech.
Principe di Montebeliard, Signore di Heydimbeim e Instingh, Cavaliere dell' Ordine del Toson d'Oro e Generale Veld-Marescialllo del Lodevole Circolo della Svevia ec. ec. ec.

IN VENEZIA,
MDCCLXVII.

APPRESSO GIO: BATTISTA OCCHI,
In Piazza S. Marco, vicino il Broglio.
CON LICENZA DE' SUPERIORI.

»Die Freuden der Adria«
Lobgedicht anläßlich der Regatta
mit Beschreibung der Boote

trägt er ein Gedicht für den erhabenen Carl Eugen vor, der den Gondoliere über alle Maßen beeindruckt und inspiriert. Schließlich ist die Gondel am Ziel angekommen und der Genueser entlohnt den gesprächigen Venezianer. Während der Genueser, dessen Landsleute nach einem uralten Klischee als geizig gelten, meint, großzügig bezahlt zu haben, sieht der Gondoliere seinen Lohn als viel zu gering an. Zum guten Schluß gibt Nane Speranza aber nochmals seiner Freude Ausdruck, daß er die Gelegenheit hatte, eine Lobrede auf den Fürsten zu halten, der dies so sehr verdient. Schon diese Rede ist seiner Ansicht nach Gold wert, weil sie von ehrlichem Herzen kommt! Nun wünscht er sich nur noch das Glück, daraus ein Gedicht zu verfassen, das von Carl Eugen wahrgenommen wird und ihn erfreut.

Wahrscheinlich ist dies eine Anspielung auf den zweiten Text. Dieses Gedicht, das ebenfalls ausdrücklich dem württembergischen Gast gewidmet ist, trägt den klangvollen Titel »*Allegrezze dell'Adria*«, etwa »*Die Freuden der Adria*«. Es beginnt mit Komplimenten und Ehrbezeugungen an Herzog Carl Eugen, an den venezianischen Adel sowie an Venedig selbst. Dann werden weitere Details über das Bootsspektakel bekannt. Es folgt die Beschreibung der prächtig geschmückten Boote der Regatta und ihrer Besitzer. Den Mittelpunkt bildete die schon oben erwähnte *Macchina* (die den Palast des Neptuns darstellte), mit den Flaggen, die die Teilnehmer holen mußten, um zu gewinnen. Die vier Abgeordneten des venezianischen Adels hatten ihre Boote jeweils unter einem anderen Motto gestaltet: *der Frieden*, *die Wissenschaften*, *die Schönen Künste* und *der Überfluß*. Der Adlige Lodovico Rezzonico nahm als *Kaiser der Tartaren* teil und hatte sein Boot dementsprechend verziert. Cornaro Foscarinis Boot präsentierte die *Gärten der Hesperiden*, Marcantonio Grimanis Boot das Land *China* und schließlich Benedetto Giovanellis Boot die *Hirschjagd*, eine Anspielung auf die Deutschen. Neben diesen prächtigen *Peoten* gab es noch eine Reihe *Bissone* und *Malgherote*. Unter letzteren befand sich neben einer Reihe weiterer Adliger auch Carl Eugen.

Gewürdigt werden vor Beginn des Gedichtes die Erfinder und Gestalter der Prachtboote, darunter der Architekt und Maler der Kaiserin von Russland, Andrea Urbani.

Venedig, Kupferstiche von Michele Marieschi um 1741

Carl Eugens Rückkehr aus Venedig

Diese außergewöhnlich lange Lustreise beunruhigte die Untertanen verständlicherweise. Als Carl Eugens Rückkehr in der Heimat bekannt wurde, bereitete man ihm nach alter Tradition in allen Städten Württembergs auf der Rückreiseroute Willkommensempfänge. Wie sehr man Carl Eugen wirklich ›vermißt‹ hatte, ist schwer zu sagen. Vermutlich war es den Untertanen lieber, der Herzog ging seinen Amusements im eigenen Land nach, als daß er sich in der Fremde auf ihre Kosten auslebte. Und ein Landesherr gehörte eben in sein Land. Für das gesellschaftliche Leben am württembergischen Hof bedeutete die Abwesenheit des unterhaltsamen und einfallsreichen Lebemanns sicherlich große Langeweile.

Insbesondere den Ludwigsburgern war im eigenen Interesse viel daran gelegen, daß mit dem Herzog auch wieder Leben und Handel in die Stadt kam. Vielleicht befürchtete man sogar, daß der sprunghafte und unberechenbare Herzog nach seiner Rückkehr die Residenz wieder nach Stuttgart verlegen könnte. Jedenfalls bereitete man ihm einen überschwenglich freudigen und herzlichen Empfang, hinter dem sich vermutlich existenzielle Sorgen der Bürger Ludwigsburgs verbargen. Von diesem Empfang gibt es einen 124 Seiten langen, detaillierten Bericht, der bei Christian Friedrich Cotta in Ludwigsburg gedruckt wurde.

Schon allein die Tatsache, daß man eine Beschreibung dieses Ereignisses druckte, ist beachtenswert. Die Seltenheit dieser Art von Würdigung zeigt schon, wie ernst die Ludwigsburger den Empfang nahmen. Der Verfasser der Beschreibung ist nicht bekannt, naheliegend wäre die Autorenschaft Uriots. Er beginnt seinen Bericht mit einer Vorrede, in der der Herzog bereits mit Komplimenten überhäuft wird: *»Wie man im rauhen Winter die erwärmende und belebende Sonnenstrahlen erwartet: so werden Treugesinnte Unterthanen sich nach dem Augenblick sehnen, der ihnen den Vatter wiedergeben, und tägliche Sommer-Freude unter seinen holdseligen Augen schenken soll«* – dies ist nur eine von vielen Metaphern auf Carl Eugen. Weiter heißt es: *»Venedig, der große Staat, dem unser Durchlauchtigster Herzog Höchst Dero Gegenwart die Helffte dieses Jahres geschenket, nahme diesen hohen Fremdling mit allen ersinnlichen Ehrenbezeugungen auf. Das Land und das Meer beeiferten sich, durch die angestellte prächtige Festins seine Würde und Hoheit zu verehren, und seinen Aufenthalt*

Beschreibung
des feyerlichen und gnädigsten
Einzugs
Seiner Herzoglichen Durchlaucht,
des regierenden Herrn Herzog
CARLS
zu Würtemberg und Töck ꝛc.
nach Höchst Dero beglückten Zurückkunfft
aus Italien in Dero Herzogl. Residenz
und
dritten Haupt-Stadt
Ludwigsburg
den 11ten Julii 1767.
nebst denen auf solche höchsterfreuliche Begebenheit
angestellten so wohl allgemeinen- als besondern
Ehren- und Freuden-Bezeugungen.

Mit Herzoglich gnädigster Genehmigung.

LUDWIGSBURG,
bey Christoph Friederich Cotta, Hof- und Canzley-Buchdrucker.

Titelblatt »Beschreibung des feierlichen Einzugs in Ludwigsburg 1767«

Ehrenpforte, Entwurf von G.F. Riedel, abgebildet in der »Beschreibung des feierlichen Einzugs«

vergnüglich zu machen. Die Augen der Vornehmsten, wie der Geringsten fanden in seinem Anblick den stärksten Reiz zur allgemeinen Bewunderung und Verehrung. Und hätte der Vorzug des Vatterlandes nicht über die kostbare Annehmlichkeiten Italiens gesieget, und Württembergs Einladungen der Fremden verdrungen: CARL würde noch durch seine Anwesenheit Venedigs Palläste und Gondoln stolz machen. Venedig wurde gleichsam unsichtbarer Weise belagert von den sehnlichsten Wünschen aller getreuen Untertanen, und täglich aufgefordert, CARLS Antliz und Herze wieder herauszugeben, und denen zu schenken, die kraft der göttlichen Schenkung ein Recht darzu haben.«

Carl Eugen hatte sich nach seiner Rückkehr aus Italien zunächst einige Tage auf der Solitude von den Reisestrapazen erholt. Von hier aus hielt er am 11. Juli mit großem Gefolge zu Fuß und zu Pferd den Einzug in Ludwigsburg. Der Herzog selbst saß in einem *»offenen prächtigen 8-spännigen Staats-Wagen«* in Begleitung des Geheimrats Montmartin. Vor dem Stuttgarter Tor empfingen Oberamtmann Kerner, der Stadtmagistrat sowie die gesamte Geistlichkeit den Herzog mit den offiziellen Willkommensreden. Von hier ab säumten Bürger die Straße bis hin zu einer eigens errichteten, reich verzierten Ehrenpforte, an der die übrigen Honoratioren der Stadt untertänigst warteten. Die Ehrenpforte hatte Gottlieb Friedrich Riedel (1724–1784), der von 1759 bis 1779 Obermaler der Ludwigsburger Porzellanmanufaktur war, entworfen. Der Entwurf ist als Kupferstich in der Beschreibung abgebildet.

Die Pforte war ca. 22 Meter breit und 14 Meter hoch. Das *»von Zimmer- und Schreiner-Arbeit aufgerichtete«* Gebäude *»ware gänzlich mit grünen Tann-Zweigen umflochten«* und *»mit lebendigen Blumen-Guirlanden häufig behangen«*. Mehrfach war das gekreuzte ›C‹ mit dem Fürstenhut angebracht. Auf der Galerie über dem Hauptportal waren Pauker und Trompeter aufgestellt. Über allem erhob sich das herzogliche Wappen mit Fürstenhut. Die Hauptinschrift lautete »PIA CIVIUM CORDA CAROLO DUCI VENETIIS REDUCI PATENT CUM PORTA«, etwa »Des Untertanen treues Herz steht dem von Venedig zurückgerufenen Herzog Carl offen wie ein Tor«. Auf diese Hauptehrenpforte folgten drei Ehrenbögen, auf denen ebenfalls eine Vielzahl von *»Sinn-Bildern und Devisen«* aufgemalt waren, von denen jeweils zwei korresponierten: Das eine war die Fürstentugend, das andere die Untertanenpflicht. Einige dieser Begriffspaare (wobei jeder Begriff mit einem lateinischen Vers und einem Bild dargestellt war) lauteten:

Die Gerechtigkeit – Der Gehorsam
Die Freundlichkeit – Die Eintracht
Die Weisheit – Die Liebe
Der Verstand – Die Hoffnung
Die Großmuth – Die Redlichkeit
Die Freygebigkeit – Die Dankbarkeit
Der Friede – Die Beständigkeit
Die Heldentugend – Das Vertrauen
Die Gnade – Die Treue
Die Liebe gegen dem Vaterland – Die Freude
Das Mitleiden – Die Aufrichtigkeit der Seele
Die Wissenschaft – Die Verehrung

Einhundert als Gärtner und Schäfer verkleidete Kinder hatten sich bei der Ehrenpforte aufgestellt und boten mit ihren Blumenkränzen und -körben *»dem Aug der Zuschauer einen sehr rührenden Anblick der Unschuld und der Freude«*. Eines der Kinder, ›Louisa Friederica Möriquin‹, eine Großtante des Dichters, übergab dem Herzog auf einer silbernen Platte ein in blauen Samt gefaßtes Gedicht in fünfzehn Strophen, worin unter anderem *»die Annehmlichkeiten Württembergs mit den reizenden Gegenständen Venedigs verglichen werden«:*

Zwar in Italiens Gefilde,
Prangt die Natur im ersten Bilde,
und reizt, wie Edens Aufenthalt;
Doch Deine Kunst trozt ihren Zügen,
Und Dein Geschmack baut dem Vergnügen
Ein Paradieß im Wald.

Kein Po ruft hier den Wasserfällen,
der Neccar schweigt vor stolzen Wellen,
Im Hafen, wo Venedig schwimmt.
Kein Bucentaurus freyt die Meere,
Kein Ton lockt der Najaden Chöre,
Vom Ohr der Kunst gestimmt.

Doch laß den Preiß vor fremde Zonen,
Daß Gratien auf Insuln wohnen,

Und dort der Götter Wiege sey:
Genug, wenn wir den Beyfall haben:
Kein Herz schlägt besser, als der Schwaben,
Kein Volk ist so getreu.

Heute ist es zwar schwer nachzuvollziehen, wie sich Untertanen derart einem Landesherrn antragen konnten, der sich nun wirklich nur seinem eigenen Vergnügen verpflichtet sah. Aber die Ludwigsburger hatten begriffen, daß sie mit Schmeicheleien den Herzog am ehesten gewinnen und an sich binden konnten. Sie hatten noch mehr Überraschungen für Carl Eugen bereitet: Nach einem feierlichen Einzug ins Residenzschloß und großer Tafel mit hochrangigen Gästen wurde der Herzog bei Dunkelheit wieder in die Stadt geleitet, die sich mittlerweile in ein Lichtkunstwerk verwandelt hatte! In wirklich rührender Weise hatten die Einwohner eine ›Illumination‹ veranstaltet: Ehrenpforte, Gebäude, Straßen und Plätze waren mit tausenden von Wachslichtern und Lampen erleuchtet. 227 Häuser und Wohnungen waren ganz besonders phantasievoll geschmückt und werden einzeln beschrieben. Sinnbilder wie Sonnen und Pyramiden sowie ganze Gedichte wurden mit den Lichtern dargestellt oder erleuchtet. Dazu erklang Oboenmusik. Seine Herzogliche Durchlaucht nahm das Ganze wieder von der achtspännigen Staatskutsche aus, diesmal in Begleitung des Barons von Uxküll, in *»gnädigsten Augenschein«*. Offensichtlich hatte ein jeder getan, was in seiner Macht stand, um seinen Teil zur Ergötzung des Herzogs beizutragen: *»Ernst, Scherz, Wiz und redliche Einfalt spielten unter einander, und machten das Ganze desto angenehmer.«* Meist schlug sich die *»brünstigste Freude«* der Bürger über die wohlbehaltene Rückkehr Ihres Herzogs neben Symbolen und Mustern in Reimen nieder. So hieß es am Haus des *»Becken-Ober-Meisters Simon Straib«*

»Solang Carl lebt, hats keine Noth,
Solang back ich mit Freuden Brod«,

Metzger Adam Pfisterer dichtete

»So lang ich Adam heiß
wend ich an Müh und Fleiß
CARL unserm Herrn zu ehren
troz dem, der mirs will wehren.«,

Gnädigstes Decret.

Seiner Herzoglichen Durchlaucht hat es nicht anderst als zum besondren gnädigstem Wohlgefallen gereichen können, bey Höchst-Dero gestern erfolgter Zurückkunft, die Innwohnerschaft der allhiesig Herzoglichen Residenz mit derjenigen unterthänigsten Devotion angefüllt zu sehen, die rechtschaffene und wahrhaftig getreue Unterthanen gegen ihren Landes-Vater in ihren Herzen hegen sollen. Alle offentliche Zeichen, sowohl bey dem Einzug, als bey der darauf erfolgten Illumination, bey welcher Seine Herzogliche Durchlaucht deutlich ersehen, daß es ein jeder dem andern hat suchen aus unterthänigster Devotion zuvor zu thun, und von welchen Seine Herzogliche Durchlaucht besonders gnädigst zufrieden sind, haben Höchst-Dieselben davon genugsam überzeugt, und bleibt also Seiner Herzoglichen Durchlaucht nichts übrig, als hiermit dem Regierungs-Rath und Ober-Amtmann gnädigst aufzugeben, sammtliche Innwohnerschaft hiesiger Herzoglichen Residenz zusammen zu berufen, und Namens Sr. Herzoglichen Durchlaucht diese höchst-gnädigste Zufriedenheit derselben offentlich bekannt zu machen, mit der theuresten Versicherung, daß gleichwie Seine Herzogliche Durchlaucht Sich Dero Herzogthum und Landen, mithin samtlich Dero Unterthanen, als ein wahrhaftig getreuer Landes-Vater in allen Gelegenheiten darstellen werden, Höchst-Dieselbe ganz besonders diese Höchst-Ihnen nahe an Dero Landes-Väterlichen Herzen gelegene Herzogliche Residenz beständig in Dero Herzoglichen Schutz, Gnade und Vorsorge nehmen werden, und Sich nach Dero nunmehro durch Gottes Gnade erfolgter Zurückkunft eines Dero ersten Geschäfften seyn lassen werden. Dieser andern zum Beyspiel dienender getreuen Stadt werkthätige Zeichen daran verspühren zu lassen, in welcher vollkommenen Ueberzeugung sich ein jeder Innwohner dieser Seiner Herzoglichen Durchlaucht besonders lieben Residenz in dem Schooß Seines Durchlauchtigsten Regenten werfen, und von daher sein Glück und Wohl zu erwarten haben solle. Mit welchen wahren Landes-Väterlichen Gesinnungen Seiner Herzoglichen Durchlaucht samtliche Vorgesetzten sowohl, als einem jeden Innwohner insbesondere mit Herzoglicher Huld und Gnade beygethan verbleiben. Ludwigsburg, den 12ten Julii. 1767.

CARL, H. Z. W.

»Gnädigstes Dekret« aus der
»Beschreibung des feierlichen Einzugs«

und Cammermusikus Neusinger

»Aller treuen Ludwigsburger Herzen,
weit entfernt von Jammer, Noth und Schmerzen,
sollen heut getrost und freudig scherzen,
und vor Eifer brennen, wie die Kerzen.«,

während an der Herzoglichen Oberamtei zu lesen war

»Carl hält noch ferner unsrer Stadt
was Er bisher gehalten hat.
Das darf man in die Zeitung schreiben:
Hier soll die Residenz verbleiben.«

Letzterer Wunsch sollte immerhin noch acht Jahre lang in Erfüllung gehen, auch wenn sich der Herzog oft auf seinen Landsitzen Solitude, Kirchheim Teck, Grafeneck und Teinach aufhielt.

Am Morgen nach der prächtigen Illumination machte sich der katholische Herzog dadurch beliebt, daß er einem besonders feierlich arrangierten Gottesdienst in der evangelischen (!) Stadtkirche beiwohnte. Außer der hochgelobten Predigt dürfte den Herzog besonders das ›Te Deum‹ seines Kapellmeisters Jommelli erfreut haben, das zur Aufführung kam. Im Anschluß daran besuchte der Herzog noch einen katholischen Gottesdienst in der Schloßkapelle.

Alle diese Anstrengungen der Ludwigsburger fanden das gnädigste Wohlgefallen des Herzogs. Den Beweis dafür erhielt man sogar schwarz auf weiß: Zur großen Genugtuung der Stadt erließ der Herzog ein Dekret, mit dem er Ludwigsburg seiner zukünftigen Huld und Gnade versichert.

Damit endet die begeisterte Schilderung des Einzugs des Herzogs in Ludwigsburg in zufriedenem Ton – man fühlte sich nun offensichtlich der Gunst des Herzogs für die nächste Zeit sicher.

Während sich die Ludwigsburger in ihrem Freudentaumel geradezu fieberhaft auf die Rückkehr ihres Landesherrn vorbereiteten, ergriff ein anderer gerade deshalb die Flucht: Giacomo Casanova, der sich wenige Tage vor dem Eintreffen des Herzogs in der Stadt aufhielt. Der Venezianer, der der Nachwelt seine zehnbändigen Memoiren hinterlassen hat, war 1760 bereits hier gewesen, mußte aber wegen hohen Spielschulden vor drei Offizieren Hals über Kopf fliehen. Im Juni 1767 ergab sich nun wieder die Gelegenheit, von Ulm aus nach Ludwigsburg zu reisen, wo Casanova unter den Künstlern des Herzogs einige gute Bekannte hatte. Als er erfuhr, daß sich Carl Eugen noch in Venedig aufhielt, schien im die Chance günstig *»nach Ludwigsburg zu fahren, nicht um mich mit den Offizieren zu duellieren, sondern um sie zu verspotten. Im übrigen hegte ich die angenehmsten Erwartungen auf die freudige Begrüßung, mit der mich alle Bekannten empfangen würden. Der Herzog würde mich bei seiner Ankunft nicht mehr antreffen, denn ich wollte eiligst abfahren, sobald der voranreitende Kurier die Nachricht von seiner Ankunft brachte. ... Nie war mir eine Idee so reizvoll erschienen.«* Den Reiz dieser Reise machte auch ein besonderer Scherz aus, den sich Casanova hatte einfallen lassen: Er ließ vor seinem Eintreffen in Ludwigsburg verbreiten, der Herzog habe ihn als Sekretär mit zwölfhundert Talern Gehalt in seine Dienste aufgenommen! Seine Ludwigsburger Freunde nahmen ihm die Geschichte tatsächlich ab und unter einer fröhlichen Schar von Künstlern verbrachte er einige kurzweilige Tage in der Residenzstadt.

Auch die Künstler befanden sich mitten in den Vorbereitungen für den Empfang des Herzogs: *»Man hatte gerade die Rollen einer kleinen Komödie verteilt, die man bei der Ankunft des Herzogs aufführen sollte«*. Die Frau des berühmten Tänzers Vestris gefiel Casanova ganz besonders. Sie sollte in besagter Komödie die Hauptrolle spielen, hatte aber einen Fehler, sie konnte das ›R‹ nicht richtig aussprechen. Casanova erkannte in diesem Fehler seine Chance, ihre Liebe zu gewinnen, indem er ihr versprach, er werde es zuwege bringen, *»daß Sie die Rolle lesen, wie sie zum Beispiel Ihr Gatte lesen würde.«* Das geheimnisvolle ›Wundermittel‹ bestand darin, daß Casanova sechs Stunden damit verbrachte, die Rolle der Vestris so umzuschreiben, daß sie keine ›R‹ mehr enthielt. *»Das war eine undankbare Arbeit, aber mich verlangte danach, in Gegenwart ihres Mannes die schönen Lippen der Vestris zu küssen.«* Das erreichte er schließlich auch und außerdem die Bewunderung der ganzen Künstlerschar für diesen gelungenen Streich. Casanova hätte sich offensichtlich gerne länger in der Stadt aufgehalten, *»aber nach acht Tagen der Feste, Triumphe und einer vollständigen Rache, kam der voranreitende Kurier des Herzogs und meldete die Ankunft seiner durchlauchtigsten Hoheit«*, was ihn zum sofortigen Aufbruch nach Mannheim veranlaßte.*

---

* Es ist kein weiterer Aufenthalt Casanovas in Ludwigsburg mehr bekannt, so daß es ein Gerücht bleibt, er hätte hier den Venezianischen Messen (s.u.) beigewohnt.

Giacomo Casanova,
Venezianer und Mann von Welt

Wie Carl Eugen auf den Streich Casanovas reagierte, ist nicht bekannt. Es hat ihn aber sicherlich nicht weiter bekümmert, denn angeregt durch seine Reise hatte er eine Menge Ideen und Pläne, die ihn beschäftigten ...

›Péoten auf heimischen Gewässern‹

Die Italienreisen Carl Eugens hatten große Nachwirkungen. Aus Venedig brachte er als Souvenir zwei Gondoliere mit. Diese dienten einer besonderen Eskapade, den berühmten Gondelfahrten auf dem Bärensee bei Schloß Solitude. Die ›Péoten‹ (venezianischer Ausdruck für Gondeln) dazu ließ Serenissimus allerdings in der Heimat anfertigen. Die kleine Flotte beschreibt Uriot am Rande der Geburtstagsfeierlichkeiten von 1763: *»Am Ufer des Sees sahe man sieben Boote oder Gondolen, in deren jedem sich vier nach der Art der Gondoliere zu Venedig gekleidete Bootsknechte befanden. Das Hauptboot, welches roth mit Gold und Silber angestrichen war, hatte einen Baldachin von gleichen Farben, und der niedlichsten Form. Zwey blau mit Silber angestrichene Boote hatten ebenfalls Baldachins, die zwar nicht von eben der Höhe, aber doch von nicht minder galantem Geschmacke waren; und die vier andere grün mit Gold gemahlte Gondeln gefielen durch ihre anmuthige Einfalt dem Auge nicht weniger, als die vorbeschriebene.«* Auch nach dem letzten Venedigaufenthalt wurde die Gondelflotte erweitert, so notiert Buwinghausen am 12. Juli 1768 in sein Tagebuch: *»Abends fuhren der Herzog mit denen Dames zum Bären-See spatzieren und da die neue Péote bereits fertig war, so fuhren der Herzog heute zum erstenmahl mit denen Dames auf dem See spatzieren.«*

Der Besuch seines Bruders Prinz Friedrich inspirierte den Herzog zur Abhaltung einer »Fête am Bärensee«, in deren Mittelpunkt die Gondeln stehen sollten. Vielleicht hatte er bei dieser Inszenierung noch die venezianische ›Sensa‹ vor Augen – auf Württemberg übertragen wäre dies die ›Vermählung des Herzogs mit dem Bärensee‹. Wie so oft mußte die Idee des Herzogs in kürzester Zeit – in 7 Tagen! – umgesetzt werden. Die Arbeiter mußten sogar Sonntags arbeiten, wie Buwinghausen berichtet, aber der Herzog *»hatte auch die Vorsorge und liessen den Pfarrer von Weilimdorff kommen, welcher denen Arbeitern eine Predig und den Gottesdienst daselbst unter freyem Himmel halten muste.«* Aber auch sich selbst schonte der Carl Eugen nicht und verbrachte jede freie Minute bei den Arbeitern. Am 22. September 1768

Gondel in den Parkanlagen der Solitude,
Zeichnung von R.F.H. Fischer

war es soweit: Um fünf Uhr nachmittags wurden die Gäste an den Bärensee geführt. 700 Stück Wild wurden zur Schau vor den See getrieben, dann aber wieder freigelassen. Nun gab ein Flintenschuß das Zeichen, daß auf einmal die ganze Gegend und alle Gebäude am See *»auf das reichste und dickste illuminirt«* wurden. *»Nachdeme alles überall angezündet war, so führten der Herzog Ihro Hoheit und samtliche Anwesende, unter vier Chor von Trompeten und Paucken, an das Wasser, woselbsten der Herzog, nebst einem Theil der Suite in die rohte und heut zum erstenmahl völlig ausgemacht und gebrauchte, schöne mit Gold ausgezierte Péote, dergleichen in gantz Venedig keine schönere anzutreffen ist, stiegen; die übrige Suite wurde in etlichen, ebenfalls schönen Barquen herüber geführt. Diese Herüberfahrt war um so schöner anzusehen, als von einem Ende des Ufers biss zum andern, eine Allée von Piramiden und Bögen, so auf Flösse gestellt, auf dem Wasser illuminirt war und also diese Schiffe in einer schön auf dem Wasser illuminirten Allée herüberfuhren.«* Nach der Überfahrt wurde im kurz zuvor unter Architekt R.F.H. Fischer fertiggestellten, 1817 bereits wieder abgebrochenen, ›Bärenschlößchen‹ getafelt. Als weiteren Höhepunkt dieses Festes führte der Herzog die Gesellschaft in die Allée zum Saufang, *»und wo der gewöhnliche Futterplatz des Saufanges ist, daselbst wurde in 5 Tagen ein prächtiges Theatre erbaut.«* Für eine einzige Aufführung, das Pastorelle »L'Unione Coronata« und ein Ballett, war dieses Theater errichtet worden!

Venezianische Messen

Noch ein weiteres Amüsement importierte der Herzog aus Venedig in die württembergischen Residenzen: die ›Venezianischen Messen‹. Dies waren exquisite Jahrmärkte nach venezianischem Vorbild mit maskierten Promenaden und Musik. Schon im Reisetagebuch von 1753 wird erwähnt, daß den Herzog in Venedig der rege Markthandel mit feinsten internationalen Waren, insbesondere im Rialto-Viertel, faszinierte. Im Januar 1768 ließ er erstmals eine ›Venezianische Messe‹, auch ›Sanct Marcus Messe‹ genannt, auf dem arkadenumsäumten Ludwigsburger Marktplatz abhalten.

Bisher war über diese Veranstaltungen nur wenig bekannt. In der Literatur finden sich vorwiegend Gerüchte und Halbwahrheiten. So ist zum Beispiel unrichtig, daß sich aus den Messen »keine Tradition entwickelt«, sie also nur »geringen Erfolg« oder »keinen Erfolg« gehabt hätten (vgl. Uhlig in »Italienische Reisen« und Lahnstein in »Ludwigsburg«). Die Messen fanden bis 1775 in Ludwigsburg, nach Verlegung der Residenz ab 1776 bis zum Tod des Herzogs im Jahr 1793 auf dem Marktplatz in Stuttgart statt. Am 3. Mai 1793 unterschrieb Carl Eugen zum letztenmal das Dekret, daß *»die Masquen Messe gleich wie die vorigen Jahre«* abzuhalten sei und am 20. Mai beginnen sollte. Somit hielten sich die Venezianischen Messen ein Vierteljahrhundert, was unter dem launischen Carl Eugen als großer Erfolg gewertet werden kann.

Ludwigsburg

Zu den Ludwigsburger Messen gibt es nur sehr wenige Dokumente und keine – zumindest keine bekannten – zeitgenössischen Beschreibungen. Der im Zusammenhang mit den (Ludwigsburger) Venezianischen Messen stets zitierte Justinus Kerner war nur ein vermeintlicher Augenzeuge. Er wurde 1786 geboren und kann selbst nur aus Erzählungen, wohl seiner Eltern, schöpfen. Kerners Eltern waren allerdings in der Tat sehr nahe am Geschehen gewesen: der Vater war nämlich mit der Organisation dieser Messen betraut, die sich zudem vor der Haustür der Kerners auf dem Ludwigsburger Marktplatz abspielten. Justinus ›erinnert‹ sich in seinem »Bilderbuch aus meiner Knabenzeit« unter anderem an *»ein buntes Getümmel von Masken, welche die tollsten Aufzüge und Spiele ausführten, worunter nicht das stärkste ein riesenhafter Heiducke * des Herzogs war, der in die Maske eines Wickelkindes gekleidet, in einer Wiege herumgeführt und mit Brei von einer Amme, die ein Zwerg war, gespeist wurde.«* Neben Justinus Kerner wird meist auf Christian Belschners Ausführungen in »Ludwigsburg im Wechsel der Zeiten« zurückgegriffen, die jedoch eher das »Bilderbuch« des Dichters phantasievoll weiter ausmalen, als daß sie weitere Tatsachen ans Licht bringen. Es ist beispielsweise nicht ersichtlich, woraus Belschner einen *›Kostümzwang‹* auf dem Platz ableitet. Vielmehr war es *erlaubt,* Masken zu tragen, wobei anzunehmen ist, daß nur die gehobene Schicht sich solche oder gar Kostüme überhaupt leisten konnte. Ob *»Wahrsagerinnen und Zigeunerinnen Orakelsprüche verkündeten«* und *»franzö-*

---

* Das Leben dieses ›Heiducken‹ am Hofe Carl Eugens schildert die Schweizer Schriftstellerin Eveline Hasler in ihrem historischen Roman »Der Riese im Baum«.

Markusplatz in Venedig

Marktplatz in Ludwigsburg

sische Schauspielerinnen und italienische Ballettänzerinnen mit freiem, neckischen Gebaren durch das Gewühl schlüpften«, weiß man nicht.

Folgende Ausführungen gründen sich auf die eher trockenen Archivalien*, die weniger die sinnliche, als die organisatorische und finanzielle Seite der Messen vermitteln. Doch auch diesen Papieren läßt sich ein gewisser Charme abgewinnen!

Regierungsrat und Oberamtmann zu Ludwigsburg Ludwig Kerner wurde also vom Herzog mit der Planung und Einrichtung der Messe beauftragt. Über die erste Venezianische Messe im Januar 1768 wissen wir nur, *daß* sie stattgefunden hat und am 19. Januar ihren Anfang nahm. Offenbar hat sie dem Herzog so wohl gefallen, daß er sie nun jährlich abhalten wollte. Im darauffolgenden Jahr legte Kerner erstmals eine Aufstellung derjenigen Häuser am Marktplatz vor, die zu *»offentlichen Cassines** adaptirt«* werden können. Er schlug die jeweilige Besetzung der Räume, teils inclusive Küche, vor und handelte wahrscheinlich auch die Mietpreise aus. Vorgesehen waren herzogliche Gesellschaftsräume sowie Billardsäle, Pharaobanken und Cafés:

Ludwigsburg. auf die bevorstehende Messe können zu offentlichen Cassines auf dem Marckt folgende Logien adaptirt werden:

a) in des Hofmusici Himmelreichs die untere Stuben mit der Kuchen
b) im Seizischen Nebenhaus ein unteres Stüblen so zum Weinschanck dienlich
c)a Frau Seizin ihre untere Wohnstuben nebst 2 saubere Räume
c)b oben 3 Zimmer und eine Kuche
c) im Bischastischen Nebenhaus unten 3 Zimmern
e) in dem Bischoffschen größern Haus im oberen Stock eine Stuben
f) in der Oberamtei unten 2 große Stuben nebst ein klein Kämmerlein worinnen ein Billard gestellt werden kann und oben 2 große Stuben
g) in dem Sattler andräischen Haus eine Stube
h) Mezger Käzen Haus oben neben der Hauptwacht 2 Stuben, worin in eine ein Billard gestellt werden kann
i) des Handelsmann Geroctis Logie im Eck samt einer Kuche worin ein Billard gestellt werden könnte

---

* Hauptstaatsarchiv A 21 Bü 160–161, 998; A 19 a Bd. 983. Zitate, soweit nicht anders angegeben, wurden aus diesen Quellen entnommen.

** Kasino: ursprünglich Landhaus von italienischen Adligen. Gebäude mit Räumen für gesellige Zusammenkünfte und Glücksspiele, auch Speise- oder Clubraum.

In vorermelte Logien können folgende Caffetiers und Traiteurs einquartirt werden, als ad a) Löwenwirth Bautler b) Traiteur Schlumberger c)a könnte derzeit vor einen allenfallsigen Liebhaber noch freigelassen werden d) Königswirth Dieffenbach c)b Stuttgardter Wirth e) könnte vor einen allenfallsig findenden Liebhaber derzeit noch wohl ausgesezt bleiben f) Caffetier Friederich und Waldhornwirth Herzog g) Caffetier Stoll (derzeit frey) h) Mezger Kazen selbsten und endlich i) Caffetier Schallin

Obrigkeitl. taxirt auf jede Woche ad a) 3 fl. * *b) aigener Wirth c)a 4 fl. 30 kr. c)b 6 fl. d) 4 fl. 30 kr. e) 2 fl. 30 kr. g) mit der Sattel Cammer 3 fl., ohne die Cammer 2 fl. h) 4 fl i) 6 fl*

Ludwigsburg, den 10ten Jan 1769
Reg. Rath und Oberamtmann Kerner

Das Haus des Handelsmanns Mainoni (Marktplatz 1) und die Oberamtei (Marktplatz 8) waren während der Messen für den herzoglichen Aufenthalt bestimmt und entsprechend eingerichtet. Dem Mainoni wurde zwar keine Tax bezahlt, aber er erhielt dafür ein attraktives Gartengrundstück übereignet.

Kerner setzte außerdem die für alle Wirte verbindlichen »Taxa« für Speisen und Getränke fest.

Gerade von den frühen Jahren der Venezianischen Messen sind wie gesagt kaum Archivalien vorhanden. Eine wichtige zusätzliche Informationsquelle sind daher die damals erscheinenden Zeitungen, in denen die Messen angekündigt und beworben wurden. Eine Ludwigsburger Zeitung gab es erst im 19. Jahrhundert, zu Carl Eugens Zeiten kursierten also auch in Ludwigsburg insbesondere die »Stutgardische privilegierte Zeitung«, die »Stutgardische Anzeigen« und »Der über See und Land dahereilende Mercurius«, die auch über die Messen berichteten. Da von den Jahren 1768 bis 1770 keine Zeitungsexemplare aus Stuttgart erhalten sind, findet man die erste bekannte Zeitungsmeldung zu den Messen in der »Bayreuther Zeitung« vom 2. Februar 1769:

»Ludwigsburg, vom 23. Januar. Nebst andern angeordneten Winterdivertissements hat auch verwichenen 17. Januar die vor einem Jahr allhier

* ›fl.‹ ist die Abkürzung für Florentiner oder Florin und entspricht 1 Gulden = 15 Batzen = 60 Kreuzer (abgekürzt ›kr‹ oder ›x‹). Die Guldenwährung galt bis zur Einführung der Mark 1871.

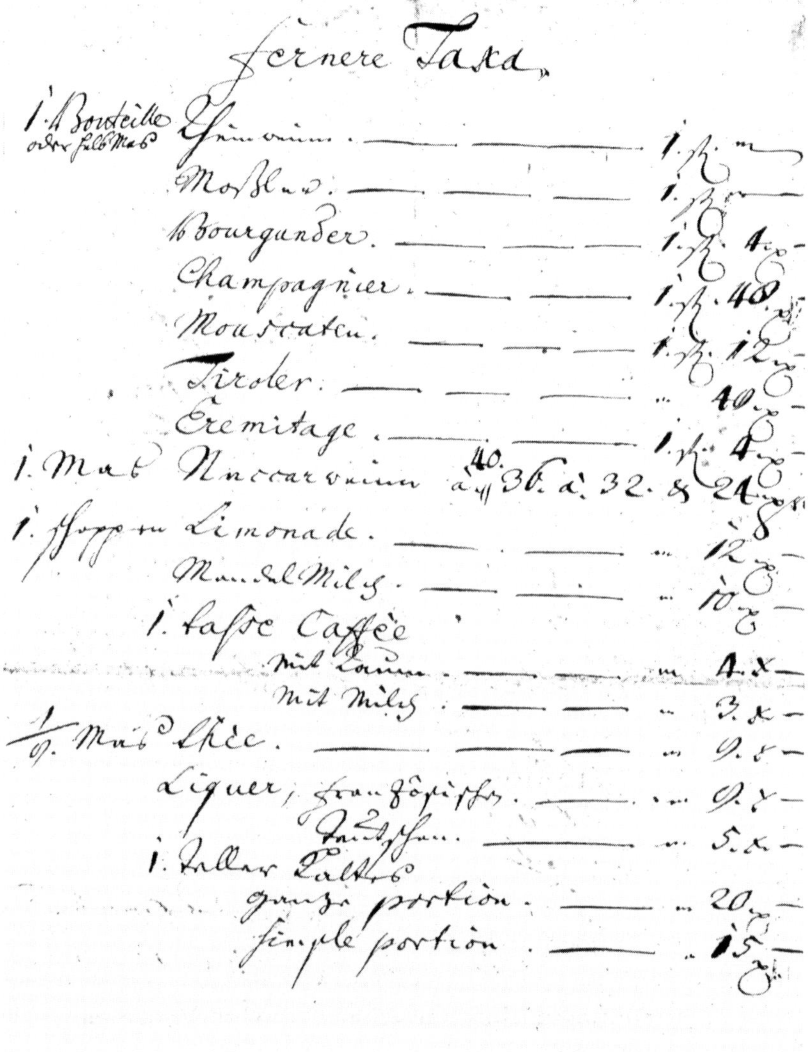

Fernere Taxa.

1. Bouteille oder selb Maß	Rheinwein	1 fl. —
	Moßler	1 fl. —
	Bourgunder	1 fl. 4 x
	Champagnier	1 fl. 40 x
	Mouscaten	1 fl. 12 x
	Tiroler	40 x
	Eremitage	1 fl. 4 x
1. Maß	Neccarwein à 40. 36. à 32. &	24 x
1. Schoppen	Limonade	12 x
	MandelMilch	10 x
	1. tasse Caffée mit Rahm	4 x
	mit Milch	3 x
1/8. Maß	Thée	9 x
	Liquer, französischer	9 x
	Teutscher	5 x
	1. teller Salat ganze portion	20 x
	simple portion	15 x

»Fernere Taxa«, Preisliste für Speisen und Getränke bei der Venezianischen Messe 1769 von Ludwig Kerner

angelegte Messe ihren Anfang genommen. Man hat vor die anhergekommenen vielen fremden und einheimischen Handelsleute auf dem großen Marktplatz bequeme und geräumige Boutiquen errichten lassen, und da der herzogliche Hof die Marktzeit über täglich Mittags von 11 bis 1 Uhr, und Abends von 5 bis 7 Uhr, wann Schauspiel ist, bis 8 Uhr, hingegen an Redouten-Tägen sich en Masque daselbst einfindet, überhaupt aber jedermänniglich um bemeldte Zeit auf solche Art allda zu erscheinen erlaubt ist, so ist der Hauptgang von 350 Schuh in der Länge, wo sich die vornehmsten Kaufleute enthalten, in einer ziemlichen Erhöhung durchaus mit Tuch bedeckt, und so eingerichtet, daß selbiger nächtlicher Weile beleuchtet werden kann.«

Im Artikel der Bayreuther Zeitung wird bereits der »bedeckte Gang« erwähnt, in dem sich die Verkaufsbuden befanden. Dies muß allerdings ein provisorischer Gang gewesen sein, denn Theatermaschinist Keim legte erst Ende 1769 einen Plan samt Kostenvoranschlag für einen bedeckten Gang für die Messe vor. Dieser Plan ist die einzige bildliche Darstellung, die sich eindeutig den Ludwigsburger Messen zuordnen läßt. Die Kosten veranschlagt Keim mit 2 535 fl., und falls statt Glasfenstern nur Löcher gelassen würden mit 2 173 fl.. Wie nicht anders zu erwarten, genehmigte Carl Eugen am 2. Dezember 1769 den teureren Entwurf, der immer wieder verwendbar sein soll, und wollte diesen zur kommenden Messe (einen Monat später!) bereits umgesetzt wissen. Später kam zu dieser Überdachung ein bretterner Fußboden dazu. In den 44 Boutiquen dieser bequemen Ladenpassage wurden unter anderem Stoffe, Galanteriewaren, Getränke und Speisen feilgeboten, an den herzoglichen Ständen wurden Erzeugnisse der Porzellan- und Spiegelfabrik verkauft sowie eine Lotterie abgehalten.

Die Kosten der Messe lassen sich der genauen Aufstellung in alten Rechnungsbüchern entnehmen. Erschreckend ist dabei die Zahlungsmoral des Herzogs, der die Gläubiger manchmal jahrelang auf ihr Geld warten ließ. Das Bürgermeisteramt legte einen Teil der Kosten aus, in der Hoffnung, die Kosten von der herzoglichen Rentkammer wieder erstattet zu bekommen:

»Nachdeme die allhiesige Stadt bey der von Serenissimo im Frühjahr 1769 auf allhiesigem Marcktplaz wiederum abgehaltenen Sct. Marcus Mess die nöthige Veranstaltung gemacht und deren Unterhaltung besorgt, nach vollendeter Mess aber die aufgewandte Kosten in einer Consignation zur Herzogl. Rentcammer übergeben und um deren Übernahm unterthänigst

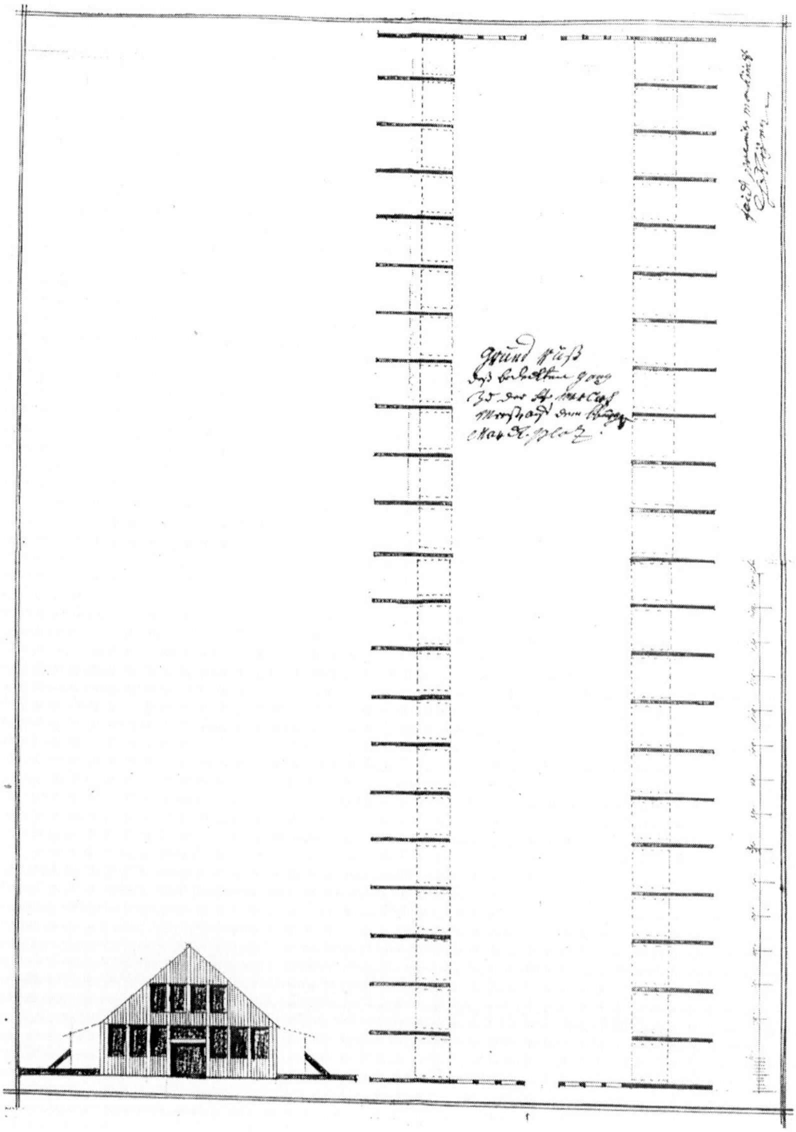

»Grundriß deß bedeckten gang zu der St. Marcus Meß, auf dem L.burger Marcktplatz. fecit premier machinist J. Keym« (1769)

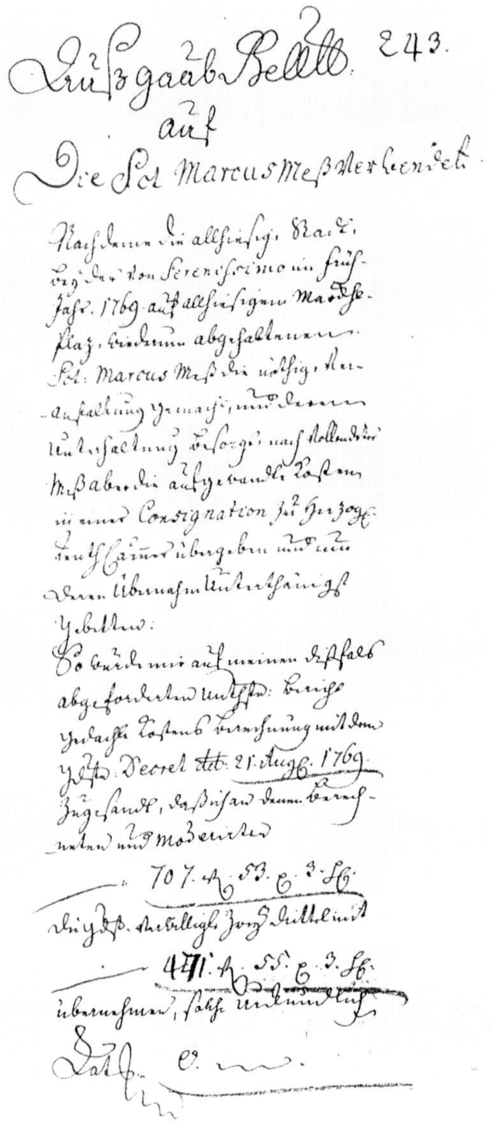

Rechnungsbuch mit den Kosten der Venezianischen Messen, 1769

gebetten«. Unter den 28 »*verdienstzetteln«*, die im Rechnungsbuch aufgelistet sind, befinden sich insbesondere Handwerker- und Arbeiterrechnungen (Stadtbauknecht, Zimmermann, Schlossermeister, Seiler, Schneider, Pflästerer, Steinhauer, Maurer, Fuhrmann, Nagelschmid, Taglöhner), aber auch solche des Hofbuchdruckers Cotta und des Marktmeisters.

In der ›Stutgardischen privilegierten Zeitung‹ und vermutlich in weiteren auswärtigen Zeitungen wurden durch ›Avertissements‹ Publikum und Händler informiert:

»Ludwigsburg vom 30. Dec. 1771. Se. Herzogliche Durchlaucht haben vor heuer abermalen die gnädigste Erlaubnis erteilet, während denen angestellten Carnevals- und anderen Lustbarkeiten in allhiesig herzoglicher Residenz wiederum eine Messe zu etabliren, welche Dienstag den 21ten zukünftigen Monats Januarii nächsten Jahrs ihren Anfang nehmen wird, so daß darauf allen aus- und innländischen Handelsleuten ihre Waaren feil zu haben, und jedermänniglich davon zu profitiren, en Masque sich dabey einzufinden und überhaupt an denen offentlichen Ergözlichkeiten Theil zu nehmen erlaubt seyn solle:

weswegen einem geehrten Publico, insbesondere aber denen inn- und ausländischen Kauf- und Handelsleuten hievon Nachricht ertheilet wird, um sich dieser zu Bevörderung ihres Gewerbs sehr favorablen Gelegenheit zu bedienen, und wegen der zu Aufstellung ihrer Waaren benöthigten Boutiquen sich in Zeiten zu melden, mit der Versicherung, daß sie disfalls aller obrigkeitlichen Assistenz und Förderung sich zu erfreuen haben sollen.«

Tatsächlich kamen Händler aus ganz Europa mit erlesenen Waren zu den Messen, deren guter Ruf sich wohl bald herumgesprochen hatte. So bewarben sich beispielweise die Buchhändler Gebrüder Gay aus Straßbourg um einen Verkaufsstand, mit der Versicherung, ein besonders attraktives Angebot feilzuhalten. Andere bewarben sich mit gedruckten Werbezetteln um eine Verkaufsboutique, wie die Firmen *John Archenholtz & Comp.* aus London oder *Genelle & Comp.* aus Straßbourg.

Ihren außergewöhnlichen, ›venezianischen‹ Charakter bekamen die Messen durch ihre maskierten und kostümierten Besucher. Der Herzog hatte sich und seine Begleitung auf seinen Venedigreisen mit Maskenkostümen üppig ausgestattet: zur Grundausstattung gehörten die »Bauta«-Maske mit einem dreispitzigen Hut sowie

Englische Waaren

als

Tamis, seidne Attlas und neumodische Zeuge, Tücher, Beavers, Sommerzeuge und Manchesters, weiße Quiltings zu Frauens-Negliges und Röcken, Strümpfe, Veste und Hosen, auch Engl. Flor und seidne Bänder, Halstücher und Schürzen seyn zu den billigsten Preißen en Gros & en Detail zu haben.

John Archenholtz & Comp.
aus *London*.

GENELLE & Comp. alte Chocolat-Fabrikanten in Straßburg in der Münstergaß wohnhaft, fabriciren und verkaufen seit langen Jahren in billigsten Preißen und zur Zufriedenheit der Liebhaber, Chocolat mit Vanille und Gesundheits-Chocolat, sowohl auf Spannische und Italiänische, als französische, Wienerische, und Turinische Art, nach Jedermanns Geschmack, sowohl ins Große als Kleine, in Straßburg, und Frankfurt am Mayn, allwo sie ihr Magazin im Schäfersaal haben. Auch haben sie Fabriken in den vornehmsten Städten Europens, als in Wien, Mayland und Turin 2c. und sind die Einzigen, welche die wahrhafte Kenntniß, den Chocolat zu fabriciren besitzen, ohngeacht sich viele damit abgeben ohne Erfahrung. Sie machen auch kleine Täfelgen von Chocolat, für die Damen.

Ihr Chocolat hat das Kennzeichen G G
C

Werbezettel von Händlern der Venezianischen Messen

ein weiter schwarzer Umhang. Da jedoch nur Wenige die Gelegenheit hatten, sich direkt in Venedig mit diesen Accessoires einzudecken, fanden sich während der Messen in Ludwigsburg Händler ein, die Maskenkostüme zum Verkauf, vielleicht auch zum Verleih, anboten:

»Stutgardische privilegirte Zeitung vom 15. Januar 1771.

Einem geehrten Publico wird hiermit zu wissen gethan, daß der Handelsmann Franz Ludwig Vinnassa allhier den Vorrath seiner Carnevals-Kleider Herrn Kochen Waldhornwirth in Ludwigsburg in Commission gegeben, und bestehen solche in noblen Venetianer, Domino von allerhand Couleuren, und dergleichen Artikuln, mit der Versicherung, daß die sammtliche Liebhabere mit dem Preis bey ihme billig sollen gehalten werden.«

Gerade Friedrich Koch, der Wirt des »Gasthaus Waldhorn« (1702 erbaut und damit ältestes bürgerliches – und sogar noch erhaltenes – Haus der Stadt), scheint sich während der Messen ins Zeug gelegt zu haben, denn er nahm nicht nur *»Carnevals-Kleider«* in Kommission, sondern warb auch per Anzeige um potentielle Übernachtungsgäste, die sich während der Messen in der Stadt aufhielten:

»Ludwigsburg. Friedrich Andreas Koch, Gastgeber zum Waldhorn, macht einem geehrten Publico, insbesondere aber denen Herren Passagiers, bekannt, daß er verwichenen Sommer hindurch seine geraumige Wirthschaft mit kostbarer Austapezier- und Meublierung der Zimmer so eingerichtet, daß er nunmehro in besserm Stande sich befindet, Hohe und Niedere nach Standes-Gebühr zu logieren. Er will sich also hierdurch allen und jeden Herren Passagiers auf das beste recommandieren, massen sich dieselben nicht nur aller Bequemlichkeiten an Zimmern und Stallung, sondern auch der promptesten Bedienung und billigsten Bewirthung versichert halten dürfen.«

Der Herzog persönlich fand sich täglich in Begleitung auf dem Marktplatz ein. Die originelle Veranstaltung auf ungewöhnlichem Terrain – außerhalb des Schloßbereiches – divertierte ihn als seine eigene Erfindung aufs Höchste. Er hatte, wie so oft, eine einzigartige Idee verwirklicht, mit der er vor allem fremden Gästen imponieren konnte. Die Stutgardische privilegirte Zeitung berichtet auf ihrer Titelseite am 29. Januar 1771 davon, wie sich die feine Gesellschaft während der Messen belustigte:

»Ludwigsburg. Die winterliche Divertissements bey Hof haben seit dem 6ten dieses Monats, da selbige den Anfang genommen, ihren ohngehinder-

ten Fortgang, wo nemlich Montags, Mittwochs, Donnerstags und Samstags Opera, Dienstags und Freytags Redoute, und Sonntags Concert gehalten wird. Letztverwichenen Montag, als an dem hohen Geburtstag des Prinzen Friederichs Hochfürstl. Durchlaucht [Bruder Carl Eugens], erschiene der Hof in Galla, und Mittags wurde nach gegebenem Zeichen mit Trompeten und Paucken an zerschiedenen grossen Tafeln gespeist, Abends ware Opera und grosses Soupee in bunten Reyhen.

An eben diesem Tage nahme zugleich die allhiesige Messe, auf welcher sich viele fremde Handelsleute eingefunden, ihren Anfang, allwo sich Abends der gesammte Adel in Venetianischer Masque gleich voriger Jahren einfande, um sich in dem nach der Länge des Marktplatzes errichteten bedeckten Gange, welcher des Abends mit vielen Lustres beleuchtet wird, mit Spatziergehen zu divertieren. Welches nun von solcher Zeit an täglich Vormittags von 11 bis gegen 1 Uhr, und Abends von 5 bis 7 Uhr zu geschehen pfleget. Gestern wurde das erstemal in denen auf bemeldten Marktplatz angestellten Casinen zu Mittag gespeist, und Nachts währender Redoute, welche sowohl von Fremden als Einheimischen sehr zahlreich besucht gewesen in dem Saal des alten Herzogl Schlosses soupiret.«

Dieser Artikel macht noch einmal deutlich, daß die Venezianischen Messen erheblich mehr waren als bloße Jahrmärkte. Besonders für die teilnehmenden Adligen waren sie eine außergewöhnliche Attraktion: ein Fest auf einem Marktplatz und in Bürgerhäusern zu feiern, war doch sehr unüblich. Zu bestimmten Zeiten traf sich der Adel zu maskierten Spaziergängen (›Promenaden‹) im bedeckten Gang, in den in den Marktplatzhäusern eingerichteten Casinos wurde gespeist und schließlich schlossen sich allabendlich Bälle, Opern oder Konzerte im Residenzschloß an – wo man freilich wieder ›unter sich‹ war. Doch auch für die schaulustigen Bürger und das einfache Volk dürfte die kostümierte Hofgesellschaft mitten unter ihnen ein höchst seltener und daher interessanter der Anblick gewesen sein. Hinzu gesellten sich fahrende Künstler aller Art, sodaß es während der Messen an Unterhaltung für alle nicht mangelte.

Venezianische Messen in Ludwigsburger Porzellan

Die Spurensuche zu den Venezianischen Messen Carl Eugens führt bald zu den geheimnisvollen Darstellungen aus Ludwigsburger Porzellan – maskierte Damen, Kavaliere und Gaukler. Da von den Messen keine Bilder überliefert sind, wird immer wieder versucht, wenigstens einen Zusammenhang mit diesen Porzellanfiguren herzustellen, um eine authentische Vorstellung zu erhalten. Ein solcher Zusammenhang erscheint zumindest wahrscheinlich, da die Blütezeit der Porzellanmanufaktur von 1760 bis 1770 sich gerade mit den Venezianischen Messen in Ludwigsburg überschnitt. Auch wenn die genauen Bezüge nicht nachgewiesen sind, ist doch anzunehmen, daß sich die Venezianischen Messen in stilisierter Weise in diesen Figuren wiederspiegeln.

In der Ausstellung *»Höfische Kunst des Barock«* im Schloß Ludwigsburg, einer Zweigstelle des Württembergischen Landesmuseums, ist ein umfangreiches Arrangement dieser Figuren ausgestellt. Der Museumsführer gibt nur wenige Informationen dazu: *»Figuren meist aus der sogenannten Venezianischen Messe und der Italienischen Komödie, Modelle um 1760–1775, z.T. nach Entwürfen von Gottlieb Friedrich Riedel. Die Vermutung, daß die Miniaturfigürchen im Anschluß an die Venezianischen Messen entstanden seien, mag z.T. zutreffen. Vielfach werden aber mit diesen Figürchen, z.B. mit den Bauern und Handwerkern, auch nur Berufsdarstellungen gemeint sein.«* Die Zusammenstellung der circa fünfzig Figuren auf dem Modell eines Marktplatzes (es handelt sich nicht um den Ludwigsburger Marktplatz) folgte mehr dem formalen (Miniaturfiguren) als dem inhaltlichen Aspekt. Aus welcher Zeit, von welchen Künstlern die Einzelteile stammen und woher diese tatsächlich ihre Inspirationen oder Vorbilder hatten, liegt im Dunkeln.

Eine erheblich größere und geschlossenere Sammlung von Figuren der Venezianischen Messen war im Besitz der Großherzöge von Baden. Sie wurde zusammen mit vielen anderen unermeßlichen Kunstschätzen des Hauses Baden 1995 zur Versteigerung freigegeben (leider konnte sie trotz großer Bemühungen nicht für Ludwigsburg ersteigert werden, sondern ging komplett an einen anonymen Käufer). Wenigstens ist die Gruppe unter der Bezeichnung *»Hochbedeutender und äußerst seltener Ludwigsburger Jahrmarkt«* mit hervorragenden Fotografien im Versteigerungskatalog von Sotheby's dokumentiert. Auch über das Zustandekommen dieser Sammlung kann

Ludwigsburger Porzellan

Ludwigsburger Porzellan

nur spekuliert werden: *»Der Jahrmarkt war vielleicht ein Geschenk des Herzogs von Württemberg an seinen Nachbarn den Fürstbischof von Speyer, zu dessen Regierungsantritt im Jahre 1770.«* 1805 kam die kostbare Sammlung in den Besitz des Kurfürsten Carl Friedrich von Baden. Sie umfaßte ursprünglich 337 kleine Figuren, 20 Boutiquen und vier Krämerstände. Die Figuren sind vor allem auch kostümgeschichtlich hochinteressant. Über der eleganten farbenfrohen Kleidung trägt ein großer Teil der Figuren – die Damen und Herren von Adel – die klassischen venezianischen Attribute: schwarzer Schulterkragen oder Umhang mit Kapuze, schwarzer Dreispitz und weiße (in seltenen Fällen schwarze) Halbmaske. Neben diesen höfischen Personen sind Bürger, Handwerker, Kaufleute, Musiker sowie Schauspieler der Commedie Française und Commedia dell'Arte dargestellt.

Besonders bemerkenswert sind die porzellanenen Verkaufsstände, die vielleicht den bei den Venezianischen Messen aufgebauten Boutiquen entsprechen. Die sehr hohen und mit einer stabilen Inneneinrichtung ausgestatteten Holzbuden waren weiß gestrichen und mit vergoldeten Ornamenten verziert. Zehn verschiedene solche Boutiquen aus Porzellan sind bekannt: *»Marchand de fer (Eisenwaren), Marchand de draps d'Angleterre (Englische Stoffe), Boutique à galanterie (Galanteriewaren), Marchand de dentelles (Spitzen und Borten), Marchand de tabac (Tabakwaren), Marchand d'étoffes (Stoffwaren), Marchand d' épicerie (Feinkosthandel), Marchand de porcellaine (Porzellan), Marchand de Mode (Modewaren), Marchand libraire (Bücher)«*. Eine besondere Rarität ist eine Boutique mit der Bezeichnung *»La Commédie Française«*, auf die Harlekin und Scaramouche gemalt sind – nur ein Exemplar dieser Art ist bekannt. Dafür ist gerade von dieser Bude eine Entwurfszeichung von Gottlieb Friedrich Riedel erhalten! Diese Zeichnung gehört zu einer kleinen Anzahl von Entwürfen Riedels für die Porzellanserie ›Venezianische Messen‹, die in der Staatsgalerie Stuttgart aufbewahrt werden. Leider sind die Zeichnungen nicht datiert.

Neben den feinen herrschaftlichen Boutiquen gibt es auch einfache Verkaufstände, Holzstellagen ohne Verzierungen. Sechs Stände dieser Art in Porzellan sind bekannt. Deren Angebot bestand aus Leder, bunten Waschstoffen, Strümpfen, Büchern und Bürsten. (vgl. auch Wanner-Brandt, 1906)

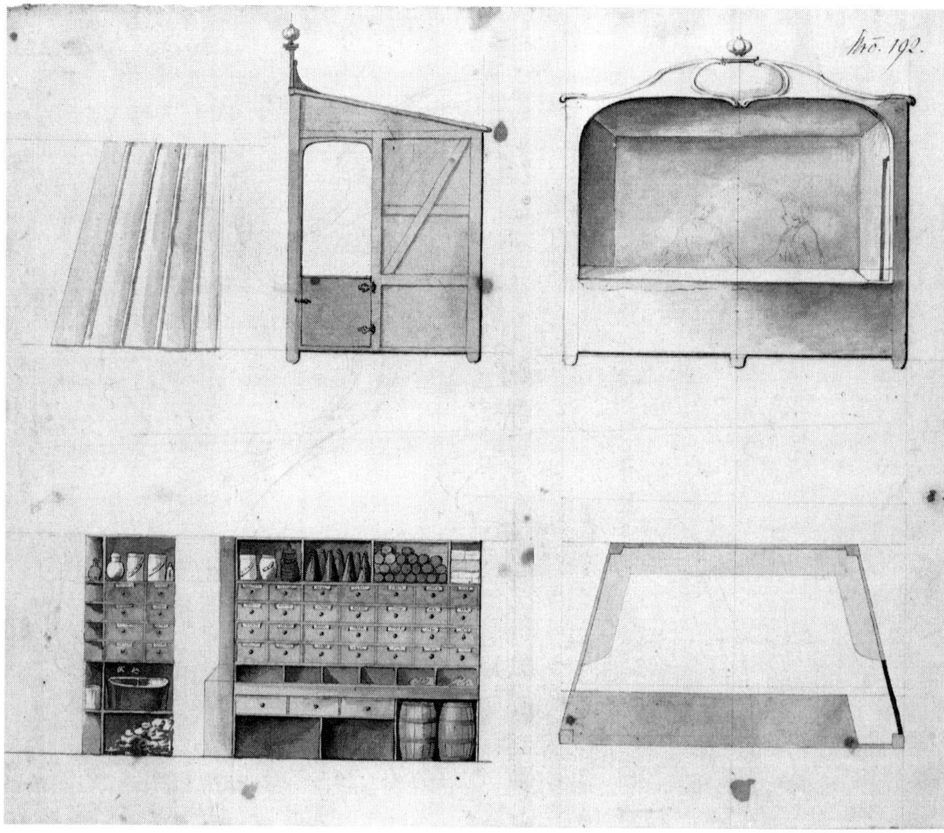

Entwurfszeichnungen von Buden
(G.F. Riedel um 1760–75)

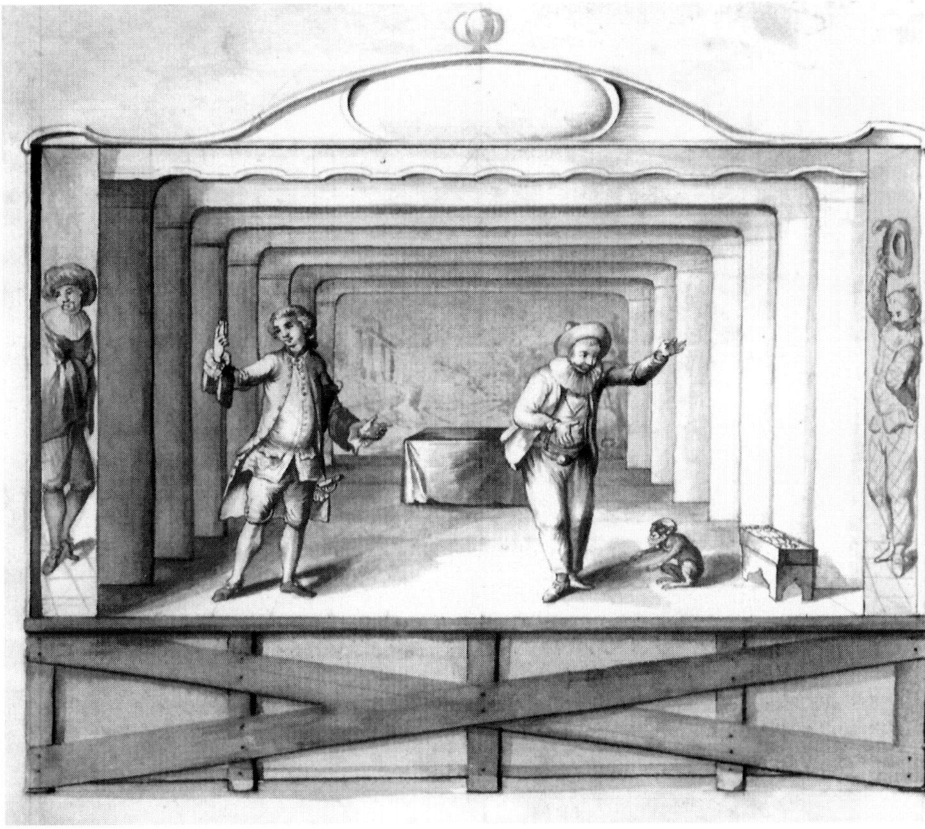

»La Comédie Française«
(G.F. Riedel um 1760–75)

Stuttgart

Zu den Stuttgarter Messen ab 1776 sind erheblich mehr Archivalien erhalten als zu den Ludwigsburger Messen. Ende des Jahres 1775 setzten die Planungen und Verhandlungen für die Einrichtung der Messen in Stuttgart ein. Ein umfangreicher Briefwechsel, sowie etliche Gutachten und Dekrete zeugen von einer großen Geschäftigkeit, die die Organisation der neuen Messe auslöste. Über den Regierungsrat und Oberamtmann Kauffmann wurde mit der Stadt communiziert. Als *»convenabler«* Veranstaltungsort wird von Magistrat und Bürgermeister der Stuttgarter Marktplatz erachtet. Insbesondere die zu ebener Erde gelegenen Gewölbe des ›Herrenhauses‹ auf dem Marktplatz wurden als geradezu idealer Standort für die herzoglichen Boutiquen gesehen. Parallel hierzu fand übrigens die Verlegung der öffentlichen Bibliothek vom Ludwigsburger Grafenbau in die oberen Stockwerke dieses Herrenhauses statt. Das unter Herzog Ulrich 1435 erbaute Herrenhaus wurde zu diesem Zweck 1775 umgebaut (1820 wurde es abgebrochen).

Der Stadtmagistrat, der den gerade von Ludwigsburg umgesiedelten Herzog mitsamt Hofstaat nicht so schnell wieder vergraulen wollte, kam den Wünschen Carl Eugens entgegen und bemühte sich sogleich um die nicht einfache Verlegung der bis dahin unter dem Herrenhaus befindlichen Einrichtungen Metzig, Brothaus und Kornkammer. Obendrein bewilligte man einen Geldbetrag sowie Holz und Tuch für die Einrichtung des auch hier wieder gewünschten bedeckten Ganges. Dennoch herrschten oftmals Uneinigkeit zwischen Herzog und Stadt. Durchlaucht pflegten meist erst nach mehrmaligem Nachhaken die drängenden Fragen der Stadt zu beantworten. Die Kosten waren ein dauerhafter Streitpunkt. Der vom Magistrat bewilligte Geldbetrag von 600 fl. war natürlich unzureichend. Auf weitere Anfragen des Herzogs bat man höflich aber bestimmt darum, *»von weiterrn Kosten verschonet«* zu werden. Carl Eugen erlaubte daher schließlich *»gnädigst, daß dieses Surplus, so nach dessen Berechnung ohngefehr 350 fl. betragt, von der Theatral-Casse bestritten, und die zu graveneck noch befindliche 43 gemeine und 3 Officiers-Zelten zum bedeckten Gang gebraucht werden dürffen«*.

Architekt R. F. H. Fischer (1746–1813) legte Mitte Februar 1776 einen Plan sowie einen *»Überschlag dererjenigen Kosten, welche zu Einrichtung des St. Marcus Plaz, wann solcher zum Auf- und Abschlagen zum mehreren Gebrauch einzurichten wäre, erfordert werden«* vor.

Der Stuttgarter Marktplatz mit dem Herrenhaus (15. Jahrhundert)

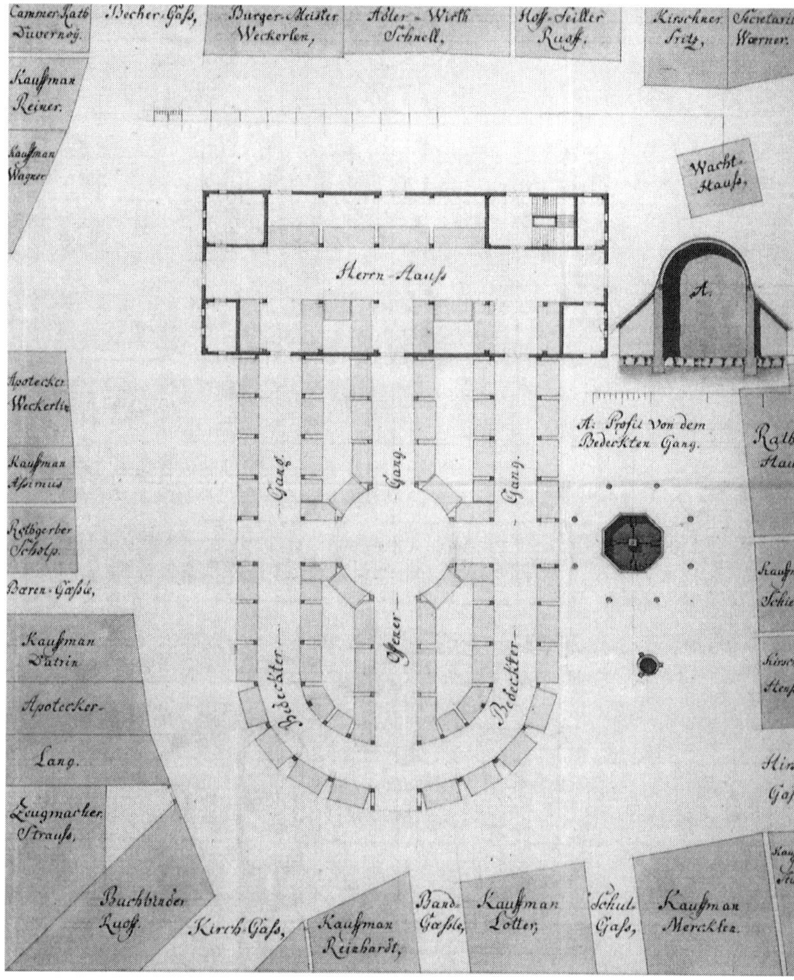

Entwurf für die Venezianischen Messen auf dem Stuttgarter Marktplatz von R.F.H. Fischer, 1776

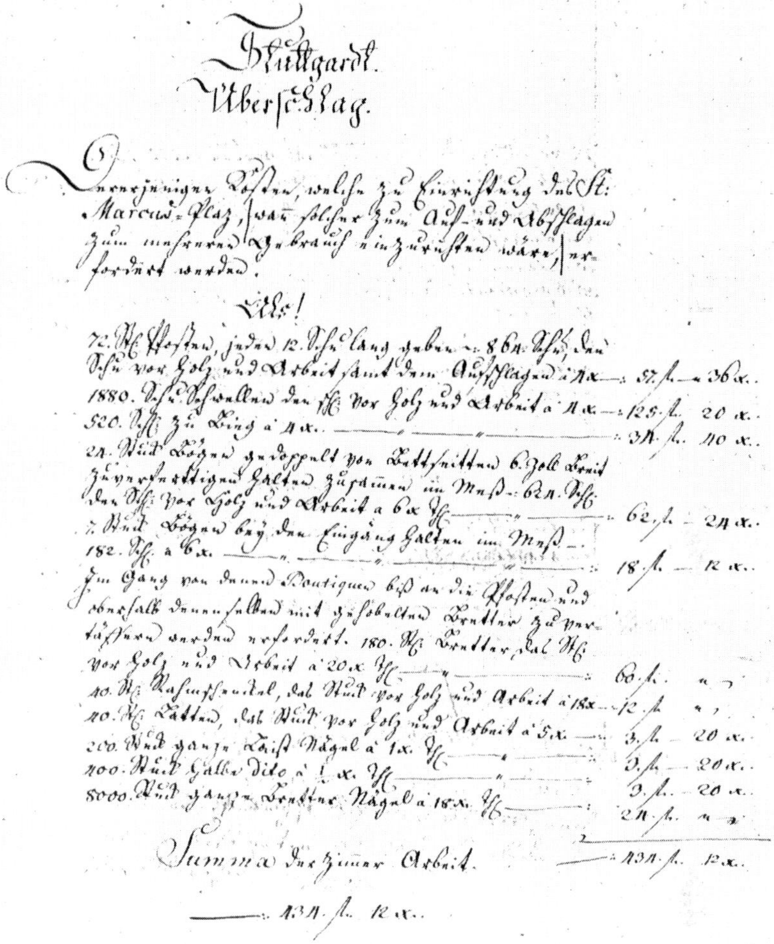

Stuttgardt.
Überschlag.

Derjenigen Kosten, welche zu Einrichtung des St: Marcus-Platz, wan solcher zum Auf- und Abschlagen zum mehreren Gebrauch einzurichten wäre, erfordert werden.

Als!

72. Stk Posten, jeder 12. Schu lang geben … 864. Schu, den Schu vor Holz und Arbeit samt dem Aufschlagen à 4 x — 57. fl. — 36 x.
1880. Schu Schwellen den Schu vor Holz und Arbeit à 4 x. — 125. fl. 20 x.
520. Schu zu Ring à 4 x. — 34. fl. 40 x.
24. Stück Bögen gedoppelt von Bettschnitten 6. Zoll breit [illegible] Halten zusammen im Meß: 624. Schu den Schu vor Holz und Arbeit à 6 x — 62. fl. — 24 x.
7. Stück Bögen bey den Eingang Halten im Meß: 182. Schu à 6 x. — 18. fl. — 12 x.
Im Gang von denen Boutiquen biß an die Posten und ebenfalls [illegible] mit gehobelten Brettern zu [illegible] werden erfordert. 180. Stk Bretter, das Stk vor Holz und Arbeit à 20 x — 60. fl. "
40. Stk [illegible], das Stück vor Holz und Arbeit à 18 x — 12 fl. "
40. Stk Latten, das Stück vor Holz und Arbeit à 5 x. — 3. fl. 20 x.
200. Stück ganze Laist Nägel à 1 x. — 3. fl. 20 x.
400. Stück halbe dito à ½ x. — 3. fl. 20 x.
8000. Stück ganze Bretter Nägel à 18 x. — 24. fl. "

Summa der Zimmer Arbeit — 434. fl. 12 x.

— 434. fl. 12 x.

Kostenvoranschlag von Architekt
von R.F.H. Fischer, 1776

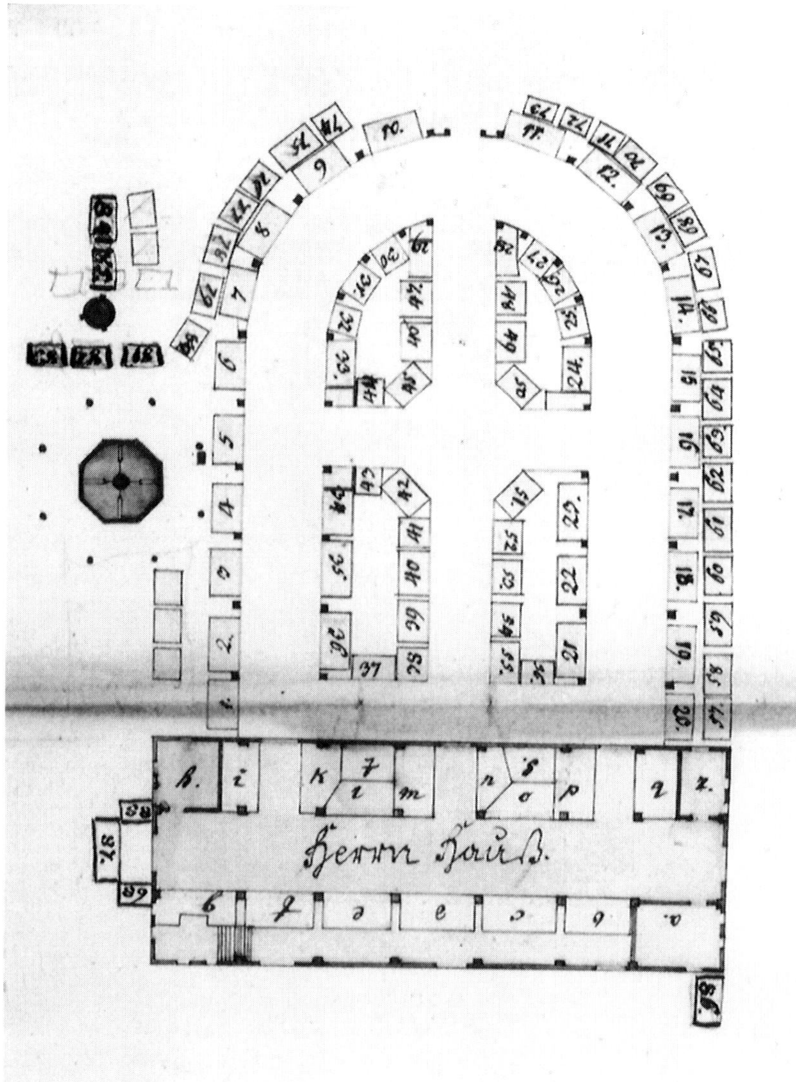

Aufstellungsplan mit durchnumerierten Verkaufsboutiquen

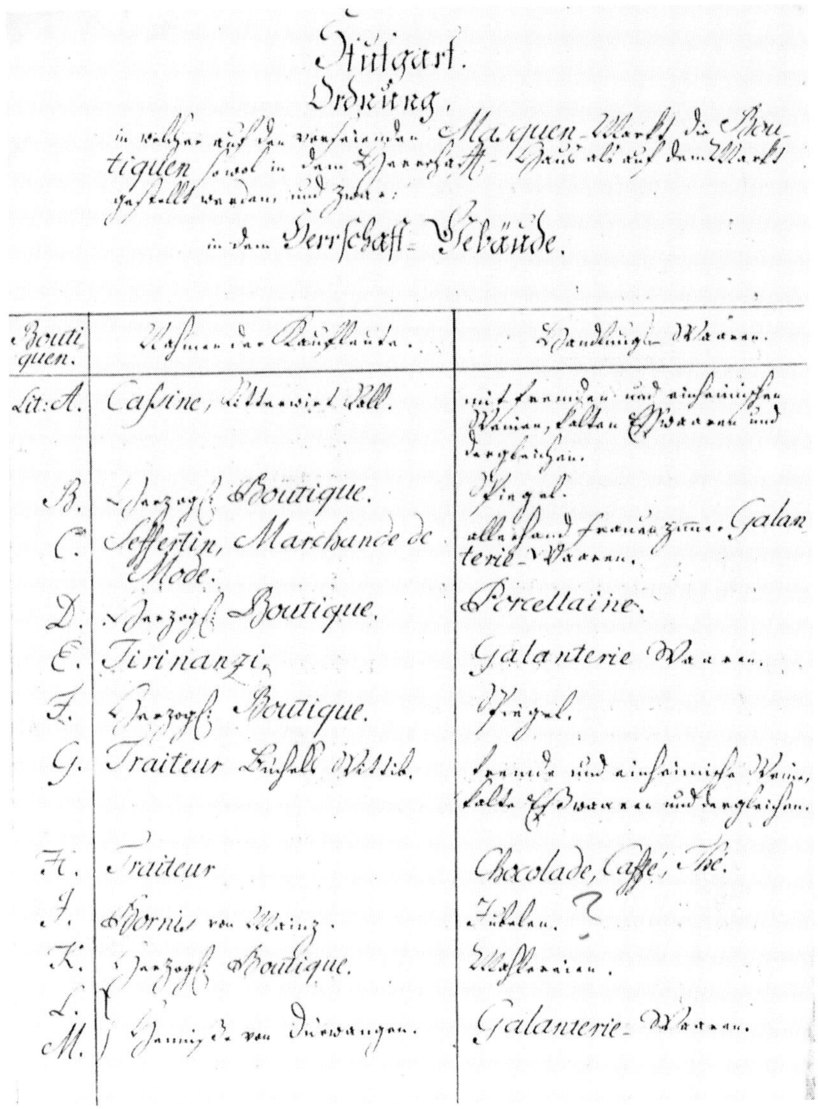

Stutgart.

Ordnung,

in welcher auf den verschiedenen Marquen-Markt die Boutiquen sowol in dem Herrschafts-Hauß als auf dem Markt gestellt werden und zwar:

in dem Herrschaft-Gebäude.

Boutiquen.	Nahmen der Kauffleute.	Handlungs Waaren.
Lit: A.	Cassine, [illegible]	mit fremden und einheimischen Weinen, kalten Essen und dergleichen.
B.	Herzogl: Boutique.	Spiegel.
C.	Sefferlin, Marchande de Mode.	allerhand französische Galanterie-Waaren.
D.	Herzogl: Boutique.	Porcellaine.
E.	Tirinanzi.	Galanterie Waaren.
F.	Herzogl: Boutique.	Spiegel.
G.	Traiteur [illegible]	fremde und einheimische Weine, kalte Essen und dergleichen.
H.	Traiteur	Chocolade, Caffé, Thé.
J.	Hornis von Mainz.	[illegible] ?
K.	Herzogl: Boutique.	[illegible]
L.		
M.	[illegible] von [illegible]	Galanterie-Waaren.

Dem nebenstehenden Plan entsprechende Liste mit den Händlern und ihren Waren

Danach waren unter dem Herrenhaus 12 und auf dem Platz weitere 60 Boutiquen vorgesehen. Fischer hat dem bedeckten Gang die Form eines Bogens gegeben. Auch die Buden selbst waren bogenförmig zum Herrenhaus hin aufgestellt. Die Einrichtung des Herrenhauses sowie der Bogengang kamen auf 1 495 fl., eine etwas einfachere Version auf 1 273 fl.. *»Um der Dauerhafftigkeit willen«* genehmigte der Herzog die stabilere und teurere Variante des Plans. Die Kosten für die Verkaufsstände waren darin aber noch nicht enthalten: *»Eine Boutique kann ohngefehr auf 40 fl. zu stehen kommen, es kommt also darauf an, wie viel Serenissimus dafür zu verferttigen gnädigst befehlen werden, nach welcher bestimmten Anzahl sich als dann der Überschlag erhöhet.«* Vier der Boutiquen unter dem Herrenhaus waren *»unbeweglich«* installiert. Den Antrag der Stadt, diese Boutiquen außerhalb der Meßzeit zu vermieten, wollte der Herzog jedoch abgelehnt wissen. Nur wenige Monate später, zum Beginn der ersten Stuttgarter Messe am 3. Juni, war der Plan bereits in die Tat umgesetzt worden! Von Paris und London aus hatte Carl Eugen alles angeordnet, sodaß am 27. Mai eine Liste der komplett ausgebuchten Boutiquen vorlag. Zu den von Fischer geplanten ist sogar noch eine ganze Reihe an Verkaufsständen hinzugekommen: Im *›Herrschaft-Gebäude‹* sind es 19 Stück, dazu kommen 89 *›Stadt-Boutiquen auf dem Markt‹*.

Die Beliebtheit des Marktes scheint also durch die Verlegung nach Stuttgart nicht gesunken, sondern eher noch gestiegen zu sein. Die edlen herzoglichen Boutiquen boten, wie schon in Ludwigsburg, *»Spiegel, Porcellaine, Mahlereien und Lotterie«* an. Zum sonstigen reichen Angebot gehörten *»allerhand Galanterie-Waaren, Silberwaaren, Gesundheitsgeschirr, englische Stahlwaaren, Messing-, Zinn- und Eisenwaaren, Cottonerie, Seide, Glas, Pomade, Spitzen, Band, Bücher«*. Die Händler kamen aus benachbarten Städten, aus Mainz, Mannheim, Nürnberg und Ulm, aber auch aus Frankreich, Tirol, Böhmen, aus der Schweiz und eine größere Anzahl aus Italien. Vielleicht hatte der Herzog auf seiner letzten Italienreise 1775 einige diesser Händler für die Messen angeworben. Die *»Willensmeinung«* des Herzogs war es, daß die *»Kauffleuth nach der Art und Kostbarkeit der Waaren placirt werden«*. Auffallend ist, daß die Bewirtung auf den Messen fast ausschließlich den ansässigen Wirten und ›Canditoren‹ vorbehalten war. *»Fremde und einheimische Weine, kalte Esswaaren, Chocolade, Caffé, Thé,*

Gefrornes, Limonade, Mandelmilch, Confituren, Canditorey-Waaren« lockten die Besucher.

Den Studenten der *»Militair academie«* (Hohe Carlsschule) wurde ebenfalls eine Boutique an prominenter Stelle eingeräumt (spätestens ab 1783). Was dort zu kaufen war, ist leider nicht bekannt. Vielleicht Werke der künstlerischen Fakultäten Malerei und Bildhauerei? Vielleicht auch Theaterbilletts, denn die Studenten und die jungen Frauen der École des Demoiselles trugen auch durch Theateraufführungen im Hoftheater ihren Teil zu den Messen bei.

Die Stadt erließ jährlich ein Regelwerk mit detaillierten Anordnungen zur Messe. *»Durch Herrn RegierungsRath, StadtOberamtmann und Bürgermeister Kaufmann ist eine Zusammenkunft veranlaßt und gemeinschaftlich [wahrscheinlich mit dem Magistrat] deliberirt worden, was für Anstalten vor heuer wiederum auf die bevorseyende Masquen Messe zu machen und Sr. Herzogl. Durchlaucht zur gnädigsten Einsicht und Genehmigung vorzulegen seyn dörften.«* Das Ergebnis dieser Beratungen war ein 22 Artikel umfassendes Papier mit recht detaillierten Vorkehrungen und auch ordnungspolizeilichen Anweisungen, die für einen reibungslosen Ablauf der Veranstaltung sorgen sollten:

»Extractus Gerichts-Protocolli dd 14ten Mai 1777

1.) *Nach dem allberaits dem Wochenblatt einverleibten Avertissement, nemmt die Messe den 26ten dieses Monats ihren Anfang und währet bis auf den 9ten Junii c.a. wobey jedermann gestattet, bei der währenden Messe alle Tag Mittags von 12 bis 2 und Abends von 7 bis 9 Uhr angestellten Promenade in dem bedeckten Gang auf dem Markt entweder en Masque oder in gewohnliche Kleidung jedoch ohne Degen zu erscheinen. Seine Herzogliche Durchlaut haben dabei gnädigst zu befehlen geruhet, daß weder vor Höchstdenenselben noch sonst vor jemand der Huth abgenommen werden solle. Gleichfalls haben alle Honoratiores in der Opera, Concerts und Redouten und bei lezteren in selbst gefälliger Masque, den freien Zutritt. Die nach geendigter Abendpromenade angestellte Divertissements kommen in folgender Ordnung vor: 26ten Redoute, 27ten Opera, 28ten Concert, 29ten Nichts, 30ten Redoute, 31ten Opera, 1ten Juni Concert, 2ten Juni Redoute, 3ten Concert, 4ten Opera, 5ten Redoute, 6ten Concert, 7ten Opera, 8ten Concert, 9ten Redoute.*

2.) der währender Promenade angeordnete Music von Pauken und Trompeten ist
a) das Rath-Hauß,
b) die Buchbinder Ruoffsche, und
c) die Cammer-Rath Duvernoysche Behausung angewiesen.

3.) In dem Apotheker Weckerlinischen Hauß ist für Se. Herzogliche Durchlaucht der obere Saal zur Cassine parat zu halten.

4.) Der Tax für die gnädigst privilegirte Traiteurs und Caffetiers in denen Cassinen in Ansehung der fremden und außländischen Weine, und anderer kalten Eßwaaren, ist des ohnmaßgäblichen dafürhaltens keiner Veränderung unterworffen und die gewohnliche Placaten wiederum auszuferttigen.

5.) Hat der Traiteur Schmid die gnädigste Erlaubnuß erhalten, in einem bürgerlichen, dem Markt nahe gelegenen Hauß noch eine Cassine aufzurichten, jedoch daß er sich in allem nach denenjenigen Verordnungen welche bei den übrigen Cassinen vorgeschrieben, auf das genaueste achte.

6.) Gleichergestalten werden mit herzoglich gnädigster Erlaubnuß, die Herzogliche Cammerdiener in der vormalig Schmidischen Cassine, einen Traiteur aufstellen.

7.) Denen samtlichen Schildwirthen und Traiteurs wäre der entworffene Tax wegen der Speisung, der fremden und inländischen Weine vorzuschreiben, auch

8.) denenselben per Signaturas aufzugeben, die angeordnete Nachtzettel mit einer accuraten Anzeige, was für Gäste einjeder beherberge, dem Nachtzettelschreiber zu rechter Zeit einzuhändigen, auch übrigens auf Feuer und Licht fleißig Acht zu haben, und ihr Gesind zu gleicher Sorgfalt anzuweisen.

9.) Wären die entworffene von Seiner Herzogl. Durchlaucht gnädigst genehmigte Monita in Policey-Sachen der Bürgerschaft durch den gewohnlichen Ausruf bekannt zu machen, und zur genauen Beobachtung einzuschärfen.

10.) Auch hievon dem Commandanten allhiesiger Residenz-Stadt, Herrn General Georgii in einem Schreiben Nachricht zu geben.

11.) Der Rathsdiener Roth und Stadtbauknecht Schülen haben zu Bewachung der Boutiquen nach dem mit ihnen gemachten accord, die erforderliche vertraute und sichere Personen zu bestellen, solche alle Abend dem Wachthabenden Officier zu präsentiren, für das Auf- und zu-

schließen der Zugänge auf dem Markt besorgt zu seyn, und zu dem Ende dem Officier die Schlüssel zu übergeben und sich dessen Anweisung zu gewärtigen.

12.) *Zu dieser Absicht möchte dem Wachthabenden Officier die Ordre zu ertheilen seyn, daß er alle Abend nach geendigter Promenade die Schlüssel zur Hand nehme, und für die Beschließung besorgt seye.*

13.) *Sobald die AbendPromenade geendigt, sollen die gnädigst privilegierte Traiteurs die Cassinen beschließen, und nach der Herzoglichen gnädigsten Willen und Meinung niemand einig weiteren Aufenthalt gestatten.*

14.) *Zu dem Herrn Hauß sollen, auf den Fall eines Gott verhüthe es entstehenden Feuers Gefahr, 2 Tragspritzen parat gehalten werden.*

15.) *Für die Herzogliche Wacht ist die Bürgerwacht auszuräumen, denen Officiers aber das sogenannte Wein-Rechen-Stüblen unter dem Rath-Hauß anzuweisen.*

16.) *Denen Traiteurs wird zu Beschaffung Caffees und anderen warmen Getränks, die Wohnung des Stadt Lieutenant Huther auf der Burgerwacht eingeräumt.*

17.) *Wird das Standgeld aus denen von der Stadt anschaffenden Boutiquen, nach dem regulirten und von Herzoglicher Regierung gnädigst ratificirten Ansaz eingezogen.*

18.) *Hangt es von der gnädigsten Verfügung Seiner Herzogl. Durchlaucht ab, ob nicht die in allzugroßer Anzahl sich hinzudringende gemeine Leutte währender Mittags und AbendPromenade durch die ausstellende Wachten abzuhalten, und deswegen an die Behörde die nöthige Ordre zu ertheilen seyn dörffe; so möchte auch nothwendig seyn, daß währender Promenade gleichvorigen Jahrs einige Unter Officiers in denen Gängen patroulliren.*

19.) *Der zugleich abzuhaltende Roß- und Viehmarkt ist auf Dienstag den 27. Mai ausgeschrieben.*

20.) *Seynd die Straßen und Gassen der allhiesig Herzogl. Residenz Stadt, besonders in dem Revier des Marktplazes, Nachts-Zeit wiederum zu illuminieren.*

21.) *Ist denen auf dem Markt wohnenden Kaufleuten aufzugeben, daß Sie ihre Läden von außen mit ihren Waaren behängen und außstellen.*

22.) *Seynd die geringe Markt- und Handwerks-Stände auf den Bärenplaz, in die Hirschgassen und in die Hauptstätter Straße zu verweißen.*

Fidem Extractus T. Stadtschreiber zu Stuttgardt«

Abbildungen aus dem Württembergischen Hofcalender von 1789

Bestandteil dieser Vorschriften waren die »*Taxa*«-Listen *A* und *B*. Liste A betraf die »*gnädigst privilegirte Traiteurs und Caffetiers*« und war »*bei Herrschaftlicher Strafe auf das genaueste zu achten*«. Die Liste umfaßte eine beachtliche Anzahl französischer Weine, sowie »*Neccar-Wein*«, Liköre, Punsch, warme und kühle Getränke. Das Angebot an Speisen reichte von »*Schunken, dürren Zungen, Preßkopf, Wurst und Käs*« bis zu »*kaltem Braten, Wildprett, gebratenem Hühnchen, Fisch mit Essig und Provencer Öhl, Sartellen*« sowie süßen »*Dortten, Backwerk und Confect*«.

Liste B richtete sich an die »*allhiesige SchildWirthe und Gastgeber*« und legte sowohl die Zusammensetzung einer Mahlzeit, als auch deren Preis genau fest. Beides richtete sich nach der Einteilung der Gäste in »*Personen von Stand, Personen von mittlerer Gattung, geringe Personen und gemeine Leute*«. Auch das »*Logis-Geld von einem Zimmer mit einer angemachten Bettstatt*« war genau vorgeschrieben und betrug zwischen 10 und 30 fl..

Die Messen fanden seit ihrer Verlegung nach Stuttgart von Ende Mai bis Anfang Juni statt. Die Zeiten der öffentlichen Promenaden hatten sich jeweils um eine Stunde verschoben (mittags von 12 bis 14 Uhr und abends von 18 bis 20 Uhr).

Neben dem Markt gab es ein abwechslungreiches Rahmenprogramm. Außer Redouten, Opern, Konzerten und Schauspielen im Lusthaus boten fahrende Künstler eine Reihe von Aufführungen und Schaustellungen dar. Da war zum Beispiel die ›Chiarini-Truppe‹, die mit Reiterkunststücken und Seiltanzen auftrat. In Gasthöfen wurden kuriose Raritäten gegen Geld zur Schau gestellt. Das konnte ein kunstvolles Uhrwerk mit vielen sich bewegenden Figürchen und Musik sein, aber auch ein kleines Mädchen »*von sonderbarer Beschaffenheit*« dessen Körper mit »*Hirsch- und Reh-Haaren unterschiedener Farbe und mit Rehflecken bezeichnet*« war.

»*Rare und sehenswürdige Thiere*« waren auf dem Holzmarkt »*ums Geld zu sehen: eine asiatische Löwin, ein junger Tieger aus Bengalen, ein Rakun, eine Lestris aus Ostindien sowie ein in Europa noch nie gesehenen lebendigen Zebra.*« Selbst ins Rathaus hielten die Artisten Einzug: Dort trat der »*Herr Farfarel aus Neapel gebürtig mit Neuen und sehr lustigen Kunststücken*« auf, womit wohl Zaubereien gemeint sind, denn er spielte mit »*ausnehmender Geschwindigkeit und Subtilität und ganz frey, ohne Tasche und Becher*«.

Mit gnädigster Bewilligung
wird hiemit bekannt gemacht, daß Herr Chiarini, mit seiner Gesellschaft allhier angekommen,
und wird heute die Ehre haben durch

ein grosses Pferdereiten

seine Künste zu zeigen,
Die Mademoiselle Chiarini, wird die Ehre haben, auf 2 Pferdten in vollem Gallopp sich aus und anzukleiden.
Der Paillasse berühmter Piqueur wird nicht manquiren mit seiner Geschicklichkeit auf verschiedenen Pferdten suchen aufzuwarten.
Nach diesem wird der Paillasse auf 2 Pferdten in vollem Gallopp durch ein zugemachtes 12 Schuh hohes Faß springen;
darauf folgt

das grosse Seiltanzen,

wobei verschiedene Tänzer und Tänzerinnen, auf dem steifen Seil ihre Geschicklichkeit zeigen werden.
Herr Chiarini, wird heute die Ehre haben, in einem zugemachten Sacke auf dem Seile zerschiedene neue Stücke zu machen.

Bis zukünftigen Donnerstag wird die Gesellschaft die Ehre haben, sich zum leztenmal zu zeigen.
Der Erste Plaz kostet 1 fl. Der Zweite 30 Kr. Der Dritte 12 Kr. Die Herren Zuschauer werden gebeten keine Hunde mitzunehmen.
Der Schauplaz ist im Holzgarten, und der Anfang ist um 5 Uhr.
Kupferstiche von allen Vorstellungen sind beim Eingang und im Römischen König für 24 Kr. zu haben.
Diejenige welche EntreeBillets haben wollen, können solche im Römischen König ablangen.

Werbezettel der »Chiarini-Truppe«

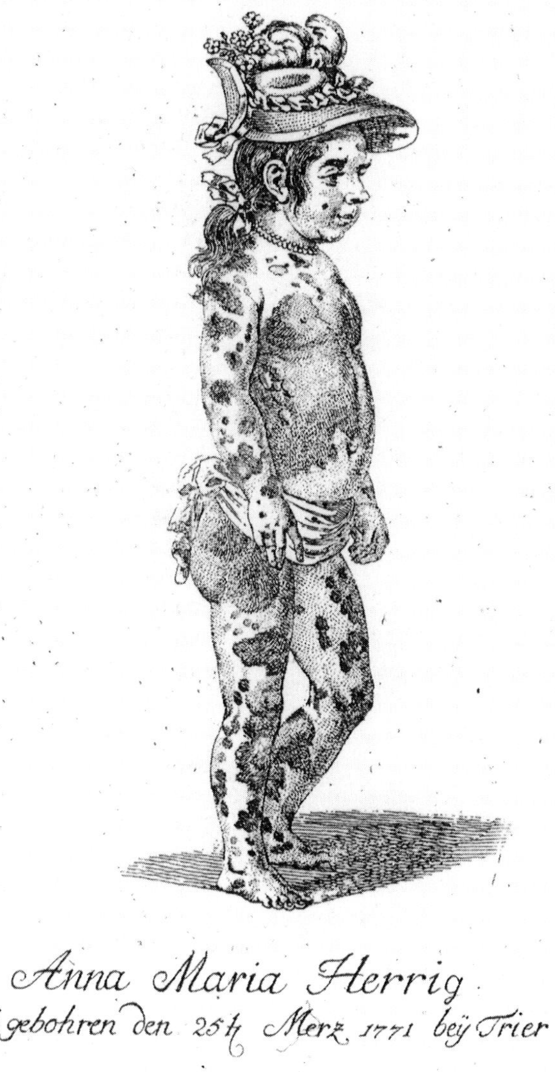

»Absonderliches Mädchen«, das auf Jahrmärkten zur Schau gestellt wurde

Lediglich zwei am württembergischen Hof entstandene Darstellungen solcher »Artisten« sind bekannt – auch sie stammen wahrscheinlich vom Obermaler der Ludwigsburger Porzellanmanufaktur, G.F. Riedel: ein Marionettentheater, ein Taschenspieler und ein geigender Tierdresseur.

Im Jahr 1778 gab die berühmte Schauspieltruppe der Schikanederschen Gesellschaft Gastspiele. Auch im darauffolgenden Jahr bewarb sich die Gesellschaft wieder, doch ab 1779 waren die Nachwuchsschauspieler der Militärakademie und der École des Demoiselles in der Lage, während der Messen einen abwechslungreichen Spielplan aufzustellen, so daß man nicht mehr auf Gastspiele angewiesen war. Durch die Einführung von Eintrittsgeldern im Hoftheater seit 1777 konnte ein Teil der Kosten wieder eingespielt werden. Der nun sparsamer gewordene Herzog verbat ab 1783 fast alle Aufführungen fahrender Künstler, *»weil sie nur das Geld aus dem Lande schlepptenr«* (vgl. Krauß, 1919).

Im Jahr 1787 scheint Carl Eugen erwogen zu haben, die Messe auf den von seinem Architekten Fischer neu angelegten Carls-Platz direkt beim Neuen und Alten Schloß zu verlegen, denn im März dieses Jahres legte Fischer einen Plan dazu vor. Anlaß für diese Überlegung, die wieder verworfen wurde, war wohl das 50jährige Regierungsjubiläum des Herzogs.

Selbst während der Landestrauer anläßlich des Todes der Herzogin Elisabeth Friederike Sophie (in Bayreuth) im Jahr 1780 wurde die Venezianische Messe abgehalten, allerdings mit der Einschränkung, daß *»diejenige Personen, welche von amtswegen zu trauern haben und Trauergelder bekommen, diese MeßZeit über in schwarzen Kleidern, oder wenigstens die Röcke mit schwarzen Knöpfen besetzt, auf der Marckt-Promenade erscheinen«* und daß *»keine Musiquen und Spectacles seyn sollen«*.

Mit dem Tod des Herzogs verschwanden die Venezianischen Messen aus der württembergischen Residenzstadt und damit der letzte Rest an barockem Geist – Maskenfeste waren in ganz Europa längst aus der Mode gekommen, das Zeitalter der Aufklärung war angebrochen.

»Marionettentheater«
Zeichnung für die Ludwigsburger Porzellanmanufaktur (G.F. Riedel um 1760–75)

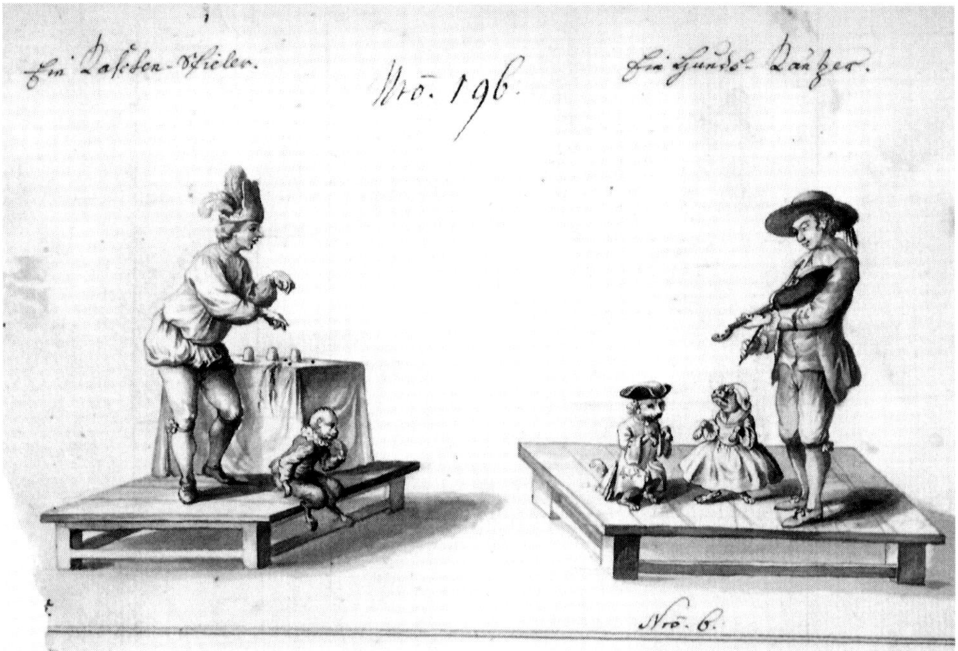

*»Ein Daschenspieler/Ein Hunds-Dantzer«
Zeichnung für die Ludwigsburger Porzellan-
manufaktur (G.F. Riedel um 1760–75)*

Venezianische Messe Ludwigsburg heute

Die Venezianischen Messen aus der stürmischen Phase Carl Eugens in Ludwigsburg blieben der dortigen Bevölkerung offenbar viel stärker im Bewußtsein als die späteren Veranstaltungen den Stuttgartern. Ludwigsburg hatte immerhin auch das Glück, daß der originale Schauplatz der Messen fast unverändert erhalten blieb. Dieser genius loci inspirierte sicherlich auch die zwei Anläufe, die es seither in diesem Jahrhundert hier zu einer Wiedererweckung der Messen gab.

1954 wurde zum 250jährigen Stadtgründungsjubiläum auf Anregung von Stadtrat Robert Fischer ein erster Versuch unternommen. Über die Gestaltung der Messe herrschte Ratlosigkeit vor. Es gab offensichtlich große Schwierigkeiten bei der Übertragung des Festes ins 20. Jahrhundert. Das kärgliche Wissen über die ursprüngliche Veranstaltung und die unterschiedlichen Vorstellungen (»buntes Treiben«) führten zu Unsicherheit bei Organisatoren und Bürgern. Es gab schließlich tatsächlich ein *»buntes und reges Treiben auf dem Marktplatz, wo Verkaufsstände, ein Podium für Volkstanz- und Gesangsdarbietungen und einige Freiluft-Gaststätten aufgebaut waren«*. Es fehlte jedoch an Masken- und Kostümträgern. Zudem war die Messe ziemlich verregnet und richtige Feststimmung wollte nicht aufkommen, wie Hudelmaier in »Ludwigsburg im Wechsel der Zeiten« konstatiert.

Seit 1986 gab es wieder vermehrte Anstrengungen, eine Messe zu etablieren. 1993 schließlich war es soweit. In einer langjährigen Planungsphase wurde eine Konzeption entwickelt, die darauf angelegt wurde, die Venezianische Messe im zweijährigen Rhythmus jeweils an einem Wochenende im September als überregional attraktives Stadtfest zu feiern. Initiatoren waren der damalige Fremdenverkehrsdirektor und Verkehrsvereinsvorsitzende Friedhelm Horn sowie der private Verein »Venezianer Ludwigsburg Herzog Carl Eugen 1767«. 1992 wurde als künstlerischer Leiter der Regisseur und Choreograph Rainer Kittel aus Ludwigsburg berufen. Der Architekt Jörg DIMIDO Schumacher entwarf die Gestaltung für den Ludwigsburger Marktplatz. Die Organisation wurde der gerade aus dem ehemaligen Fremdenverkehrsamt hervorgegangenen ›Ludwigsburger Stadtmarketing und Touristik GmbH‹ übertragen. Das Konzept, das nach 1993 auch 1995 erfolgreich umgesetzt wurde, beinhaltet im wesentlichen: eine phantasievoll-venezianische Gestaltung des Marktplatzes (darunter ein riesiger Fächer, ein Dogensessel, ein

Gondelsteg, fahrbare Gondeln) mit mehreren Bühnen, ein populäres aber anspruchsvolles künstlerisches Programm, einen themenbezogenen Kunsthandwerkermarkt und ein gehobenes Gastronomieangebot. Das Fest sollte keine Nachahmung der historischen Messen werden – was wohl auch kaum möglich wäre. Vielmehr steht das künstlerische Konzept unter der Prämisse Barock und Avantgarde, Gefälliges und Groteskes gegeneinander in Kontrast zu setzen. So sind außer Barock- und venezianischen Phantasiekostümen auch schrille und skurrile Masken und Klamotten zu sehen, und neben italienischen Arien und klassischer Commedia dell'Arte werden Trommelmusik und moderne Performance aufgeführt.

Es ist zu wünschen, daß diese ausgesprochen gelungene und originelle Kulturveranstaltung der Stadt lange erhalten bleibt – zumindest besteht nicht mehr die Gefahr, daß sie nach Stuttgart abwandert. Mit den Venezianischen Messen ist in Ludwigsburg der barocke Geist in seinen schönsten Formen lebendig!

Logo der »Venezianischen Messe Ludwigsburg«, die seit 1993 alle zwei Jahre als Stadtfest veranstaltet wird.

Stammtafel des Hauses Württemberg

(Die Angaben in Klammern geben die Regierungszeit an)

- **Eberhard III.** 1614–1674 (1648–1674) ⚭ Anna Catharina, Wild- und Rheingräfin von Salm-Kyrburg 1614–1655
  - **Wilhelm Ludwig** 1647–1677 (1674–1677) ⚭ Magdalene Sibylle, Prinzessin von Hessen-Darmstadt 1652–1712
    - **Eberhard Ludwig** 1676–1733 (1693–1733) ⚭ Johanna Elisabeth, Prinz. von Baden-Durlach 1680–1757
      - **Friedrich Ludwig** 1698–1731 ⚭ Henriette Marie, Prinz. von Brandenburg-Schwedt 1702–1782
  - **Friedrich Carl** 1652–1698 (Admin. 1677–1693) Vormund Eberhard Ludwigs ⚭ Eleonore Juliane, Prinz. von Brandenburg-Ansbach 1663–1724
    - **Carl Alexander** 1684–1737 (1733–1737) ⚭ Maria Augusta, Prinz.von Thurn und Taxis 1706–1757
      - (Administratoren 1737–1744)
        - **CARL EUGEN** 1728–1793 (1744–1793) ⚭ I. Friederike Sophie, Prinz. von Brandenburg-Bayreuth 1732–1780 ⚭ II. Franziska, Reichsgräfin von Hohenheim 1748–1811
      - **Ludwig Eugen** 1731–1795 (1793–1795) ⚭ Sophie Albertine Gräfin von Beichlingen 1728–1804
      - **Friedrich Eugen** 1732–1797 (1795–1797) ⚭ Friederike Sophie Dorothee, Prinz. von Brandenburg-Schwedt 1736–1798
        - **Friedrich** 1754–1816 (1797–1816) 1803 Kurfürst 1806 König ⚭ I. Augusta, Prinz. von Braunschweig-Wolfenbüttel 1764–1788 ⚭ II. Charlotte Mathilde, Prinz. von Großbritannien 1766–1828

Quellen- und Literaturverzeichnis

18. Jahrhundert

Akten des württembergischen Hofes aus dem 18. Jahrhundert im Hauptstaatsarchiv, insbesondere Bestand A 21 (Oberhofmarschallamt).

Allegrezze dell'Adria per la solenne Regatta che si farà addì 3. Giugno 1767. Nel Canal Grande die Venezia a Divertimento di sua Altezza Serenissima Carlo Eugenio etc., Venedig 1767.

Beschreibung des feyerlichen und gnädigsten Einzugs Seiner Herzoglichen Durchlaucht Herzog Carls nach Höchst Dero beglückten Zurückkunfft aus Italien in Dero Herzogl. Residenz und dritten Haupt-Stadt Ludwigsburg den 11ten Julii 1767, Ludwigsburg 1767.

Buwinghausen-Wallmerode, Alexander Maximilian von: Tagebuch über die ›Land-Reisen‹ des Herzogs Carl Eugen von Württemberg in der Zeit von 1767–1773, Hg. E. v. Ziegesar, Stuttgart 1911.

Casanova, Giacoma: Memoiren, Hg. Erich Loos, Berlin 1965/66.

Dialogo sopra la regatta in generale dedicato all'Altezza Serenissima di Carlo Eugenio Duca regnante di Wirtemberg etc., Venedig 1767.

Herzoglich Württembergische Adreß-Handbücher.

Maubert de Gouvest, Jean Henri: Die reine Wahrheit oder Denkwürdigkeiten des Hauses Württemberg den Prozess betreffend, worin der Herzog mit seinen Untertanen verwickelt ist; In zehn Briefen von der verwittibten Baronesse von W., Cölln 1765.

Noverre, Jean-Georges: Lettres à un artist. Paris 1801.

Operntextbücher.

Schönhaar, Wilhelm Friedrich: Ausführliche Beschreibung des zu Bayreuth im September 1748 vorgegangenen HochFürstlichen Beylagers und derer zu Anfang des Octobers darauf in denen Hochfürstliche Württembergischen Landen, so wohl zu Stuttgardt als Ludwigsburg erfolgten HochFürstlichen HeimführungsFestivitäten, Stuttgart 1749.

Tagbuch der Gräfin Franziska von Hohenheim, Hg. A. Osterberg, Stuttgart 1913.

Uriot, Joseph: Description des Fêtes données a Stoutgard par S.A.S. Monseigneur Le Duc Regnant de Würtemberg & Teck etc. etc. a l'occassion du Jour de sa Naissance, Stuttgart 1762. (Für diese Festbeschreibung ist die Autorenschaft Uriots nicht gesichert. Sie wurde anonym verfaßt, wird aber Uriot zugeschrieben).

– Beschreibung der Feyerlichkeiten, welche bey Gelegenheit des Geburtsfestes Sr. Herzogl. Durchlaucht des Herzogs zu Württemberg und Teck angestellet worden, Stuttgart 1763.

– Description des Fêtes données a l'occasion du Jour de Naissance de S.A.S. Monseigneur Le Duc Regnant de Wurtemberg & Teck etc., Stuttgart 1764.

– La vérité telle quelle est contre la vérité (Titel der deutschen Übersetzung: Die Wahrheit so wie sie ist, der so betitelten ›Reinen Wahrheit‹ entgegen gesetzet), Stuttgart 1765.

Wimpffen, Franz Ludwig von: Memoiren, Paris 1788.

Württembergischer Hofcalender.

Neuere Literatur

Alewyn, Richard/Karl Sälzle: Das große Welttheater. Die Epoche der höfischen Feste in Dokumenten und Deutung, 2. Aufl., München 1989.

Bachmann, Erich.: Felsengarten Sanspareil, München 1962.

– Eremitage zu Bayreuth, München 1970.
Balet, Leo: Ludwigsburger Porzellan, Stuttgart 1911.
Bauer, Herrmann/Hans Sedlmayr: Rokoko. Struktur und Wesen einer europäischen Epoche, Köln 1992.
Baur-Heinhold, Margarete: Theater des Barock. Festliches Bühnenspiel im 17. und 18. Jahrhundert, München 1966.
Belschner, Christian/Walter Hudelmaier: Ludwigsburg im Wechsel der Zeiten, 3. erw. Aufl., Ludwigsburg 1969.
Berger-Fix, Andrea/Klaus Merten: Die Gärten der Herzöge von Württemberg im 18. Jahrhundert, Katalog der Ausstellung in Schloß Ludwigsburg, Worms 1981.
Boepple, Ernst: Friedrich des Grossen Verhältnis zu Württemberg, München 1915.
Chéruzel, Maurice: Jean-Georges Noverre. Levain de la danse moderne, Saint-Germain-en-Laye 1992.
Drüner, Ulrich: 400 Jahre Staatsorchester Stuttgart. 1593–1993, Hg. Staatstheater Stuttgart 1994.
Elias, Norbert: Die höfische Gesellschaft, Neuwied 1969.
Eugen, Hans: Monrepos, Stuttgart 1933.
Fähler, Eberhard: Feuerwerke des Barock. Studien zum öffentlichen Fest und seiner literarischen Deutung vom 16. bis 18. Jahrhundert, Stuttgart 1974.
Fleck, Walter-Gerd: Grafeneck und Einsiedel. Zwei Lustschlösser des Herzogs Carl Eugen von Württemberg, Stuttgart 1986.
Fleischhauer, Werner: Barock im Herzogtum Württemberg, Stuttgart 1958.
Hadamowsky, Franz/Heinz Kindermann: Europäische Theaterausstellung (Katalog), Wien 1955.
Herzog Karl Eugen von Württemberg und seine Zeit, Hg. Württembergischer Geschichts- und Altertumsverein, Esslingen 1907/1908.
Italienische Reisen – Herzog Carl Eugen von Württemberg in Italien, Ausstellungskatalog, Hg. Oberfinanzdirektion Stuttgart, Referat Staatliche Schlösser und Gärten, Weissenhorn 1993.
Kerner, Justinus: Bilderbuch aus meiner Knabenzeit, Hg. G. Häntzschel, Frankfurt a.M. 1978.
Kindermann, Heinz: Theatergeschichte Europas, Band 3: Theater des Barock; Band 4: Von der Aufklärung zur Romantik (1.Teil), Salzburg
Klaiber, Hans Andreas: Der württembergische Oberbaudirektor Philippe de La Guêpière, Stuttgart 1959.
– Schloß Solitude, 3. Aufl., München Berlin 1991.
Kleemann, Gotthilf : Schloß Solitude bei Stuttgart – Aufbau, Glanzzeit, Niedergang, Veröffentlichungen des Archivs der Stadt Stuttgart Bd 19, Stuttgart 1966.
Krapf, Ludwig/Christian Wagenknecht (Hg.): Stuttgarter Hoffeste. Texte und Materialien zur höfischen Repräsentation im frühen 17. Jahrhundert, Tübingen 1979.
– Stuttgarter Hoffeste. Repraesentatio der fürstlichen Aufzug und Ritterspiel. Die Kupferstichfolge von 1616 von Esaias van Hulsen und Matthäus Merian, Tübingen 1979.
Krauß, Rudolf: Das Stuttgarter Hoftheater von den ältesten Zeiten bis zur Gegenwart, Stuttgart 1908.
– Das Theater. In: Herzog Karl Eugen von Württemberg und seine Zeit, Esslingen 1907/1908.
Lahnstein, Peter/Mechthild Landenberger: Das Ludwigsburger Porzellan und seine Zeit, Stuttgart 1978.
Merten, Klaus: Schloß Ludwigsburg und Schloß Favorite, 4. Aufl., München, Berlin 1989.
Meyer, Rudolf: Hecken- und Gartentheater in Deutschland im 17. und 18. Jahrhundert, Emsdetten 1934.
Nicolas Guibal, Ausstellungskatalog, Staatsgalerie Stuttgart, Graphische Sammlung, Stuttgart 1989.

Pfeiffer, Bertold: Die bildenden Künste unter Herzog Carl Eugen. In: Herzog Karl Eugen von Württemberg und seine Zeit, Esslingen 1907/08.

Schmidt, Richard: Schloß Ludwigsburg, München 1954.

Schönberger, Arno/Halldor Soehner: Die Welt des Rokoko. Kunst und Kultur des 18. Jahrhunderts, München 1959.

Scholderer, Hans-Joachim: Das Schloßtheater Ludwigsburg, Diss., Stuttgart 1991.

– Das Schloßtheater Ludwigsburg. Geschichte, Architektur, Bühnentechnik, mit einer Rekonstruktion der historischen Bühnenmaschinerie, Schriften der Gesellschaft für Theatergeschichte e.V. Band 71, Berlin 1994.

Sotheby's: Versteigerungskatalog Die Sammlung der Markgrafen und Grossherzöge von Baden, Band III, Baden-Baden 1995.

Steltz, Michael: Geschichte und Spielplan der französischen Theater an deutschen Fürstenhöfen im 17. und 18. Jahrhundert, Diss., München 1965.

Szymczyk-Eggert, Elisabeth: Der Ludwigsburger Schloßgarten, Diss., Stuttgart 1988.

Tintelnot, Hans: Barocktheater und barocke Kunst Die Entwicklungsgeschichte der Fest- und Theaterdekorationen in ihrem Verhältnis zur barocken Kunst, Berlin 1939.

– Die Bedeutung der ›festa teatrale‹ für das dynastische und künstlerische Leben im Barock, in: Archiv für Kulturgeschichte 37/1955.

Uhland, Robert: Geschichte der Hohen Karlsschule in Stuttgart, Stuttgart 1953.

Uhlig, Wolfgang: Nicolas Guibal. Hofmaler des Herzogs Carl Eugen von Württemberg, Diss., Stuttgart 1981.

Vann, James Allen: Württemberg auf dem Weg zum modernen Staat 1593–1793, Stuttgart 1986.

Wagner, Fritz: Das höfische Fest; in: Handbuch der europäischen Geschichte, Bd. 4, Hg. Th. Schieder, Stuttgart 1968.

Walter, Jürgen: Carl Eugen von Württemberg. Ein Herzog und seine Untertanen, Mühlacker 1987.

Wanner-Brandt, Otto: Album der Erzeugnisse der ehemaligen württembergischen Manufaktur Alt-Ludwigsburg, Stuttgart 1906.

Zielske, Harald: Innocente Colomba und das spätbarocke Bühnenbild. Zur Krise des württembergischen Hoftheaters im 18. Jahrhundert. In: Kleine Schriften der Gesellschaft für Theatergeschichte, 23, Berlin 1969.

Abbildungsverzeichnis

Register

Die Autorin

Ute Christine Berger, M.A. (Stuttgart, Jahrgang 1968), absolvierte nach ihrer Ausbildung zum Diplom-Verwaltungswirt ein kulturwissenschaftliches Studium an der Pädagogischen Hochschule Ludwigsburg. Mit diesem Buch legt sie eine überarbeitete und erweiterte Fassung ihrer Magisterarbeit vor, für die sie den ›Preis der Stadt Ludwigsburg 1996‹ erhielt.